Die Buchreihe »Völker am Wasser« wird von Édouard Glissant (Martinique) herausgegeben.
Unter der Schirmherrschaft der UNESCO brach am 27. Juli 2004 das Dreimast-Segelschiff *La Boudeuse* mit dem französischen Kapitän Patrice Franceschi von Bastia (Korsika) zu einer Weltumsegelung auf, bei der zwölf Expeditionen zu acht Völkern, die nur vom Wasser aus erreichbar sind, unternommen wurden. Nach 1063 Tagen und 60 000 zurückgelegten Kilometern kehrte das Schiff am 25. Juni 2007 nach Bastia zurück.
Zwölf Schriftsteller und Journalisten, ausgewählt von Édouard Glissant, nahmen jeweils an einer der Expeditionen teil.

VÖLKER AM WASSER

JEAN-MARIE GUSTAVE
LE CLÉZIO

RAGA

BESUCH AUF EINEM UNSICHTBAREN KONTINENT

Aus dem Französischen übersetzt
von Beate Thill

Wunderhorn

Baie Horno, 10 sept. 2005

KAPITEL EINS
Raga
9

KAPITEL ZWEI
Die »Reise ohne Wiederkehr«
15

KAPITEL DREI
Melsissi
27

KAPITEL VIER
»Blackbirds«
43

KAPITEL FÜNF
Taro, Yams, Kava
57

KAPITEL SECHS
Gott, Götter und Schatten
69

KAPITEL SIEBEN
Die Kunst des Widerstands
85

KAPITEL ACHT
Inseln
103

ANHANG
Bibliographie
121

FÜR CHARLOTTE WÈI MATANSUÈ,
MEINE FÜHRERIN ZU DEN HÖHEN VON MELSISSI

KAPITEL EINS

Raga*

Es wird gesagt, Afrika sei der vergessene Kontinent.

Ozeanien ist der unsichtbare Kontinent.

Er blieb unsichtbar, weil die Reisenden, die sich als erste hinwagten, ihn nicht als Kontinent wahrnahmen, und weil Ozeanien noch immer die internationale Anerkennung fehlt, als wäre hier nur eine Passage, etwas Fehlendes.

Es war Balboa, der im Jahr 1513 den Pazifik entdeckte, nachdem er unter Mühen die Landenge von Panama durchfahren hatte. Er fiel am Strand von Darién auf die Knie und nahm dieses Meer im Namen des spanischen Königs in Besitz, ohne etwas von seiner Größe zu ahnen. Er dachte wohl eher an die Route nach Westen, über die europäische Schiffe, der Sonne folgend, nun in den Orient und nach Japan gelangen konnten.

Überzeugt davon, daß unser Planet rund ist (viele Seefahrer hegten daran keinen Zweifel mehr, bereits bevor dies offiziell bestätigt wurde), schufen die Geographen im 16. Jahrhundert zwei

* Name von Pentecost in der Apma-Sprache (in der Sprache der Sa: Aorea).

Mythen, die beide falsch waren, und beide gaben zu großen Entdeckungsreisen Anlaß. Der erste war der Mythos von Anyan, der berühmten Nordwestpassage, mit der die Schiffe den Orient erreichen sollten, ohne die mühevolle Reise über Arabien und Indien unternehmen zu müssen.

Der zweite war der Mythos vom Südkontinent, dessen Landmasse nach Meinung der Geographen den Globus in Balance hielt, da er zum asiatischen Kontinent das Gegengewicht bildete.

Quirós, Mendaña, später Magellan, Bougainville und Cook, alle brachen sie auf zur Suche nach diesem Kontinent des Südens. Quirós meinte, ihn entdeckt zu haben, als er erstmalig die Küste Neuguineas berührte. Für ihn gehorchte diese Entdeckung sowohl einem moralischen Imperativ als auch einer politischen Notwendigkeit:

»Dieser Erdteil stellt ein Viertel des Erdballs dar, er kann nach seiner Ausdehnung leicht das Doppelte an Königreichen und Provinzen umfassen von allen Ländern, die Ihre Majestät gegenwärtig beherrschen, außerdem ohne die ungünstige Nachbarschaft von Mauren oder Türken [...]. Man wird dort die Antipoden von Afrika, Europa und Groß-Asien finden. Ich weise darauf hin, daß die von mir entdeckten Länder am fünfzehnten Breitengrade bedeutender sind als Spanien, wie im weiteren zu lesen sein wird, und auch als alle Reiche, die mit ihnen vergleichbar wären, und daß sie in ihrer Gesamtheit als ein wahrhaftiges Paradies auf Erden gelten können.«*

Später korrigierten Bougainville und Cook Quirós' Irrtum: der portugiesische Seefahrer hatte nichts entdeckt als Inseln und noch mehr Inseln. Cook starb auf Hawaï, der französische Seefahrer La Pérouse erlitt mit seinen Schiffen *Astrolabe* und *Boussole* Schiffbruch in dieser Gegend, und vierzig Jahre später, 1828,

---

* Pedro Fernandes de Quirós: *Memoriales des las Indias australes.* Ed. Oscar Pinochet, Madrid (Historia 16) 1991. Übersetzt nach dem französischen Original; d. Ü.

glaubte Dumont d'Urville* sie wiedergefunden zu haben. Torres hatte nach einer Zwischenlandung auf Espiritu Santo diese Küsten schon zweihundert Jahre zuvor als Erster erreicht, doch er hatte seine Karten so ungenau gezeichnet, daß kein Reisender die Inseln zunächst wiederfinden konnte (dort war er zum ersten Mal auf Land getroffen, nachdem er 1606 von Peru weggesegelt war). Erst Bougainville gelang es um 1800, er gab dem Archipel den schönen Namen Große Zykladen, aber schließlich kam Cook, der sie mit dem tristen Namen Neue Hebriden taufte, in Erinnerung an seine Heimat. Torres war bis Neuguinea weitergefahren (das Saavedra bereits 1528 erwähnt hatte), vorbei an einer Spitze, die er nicht einordnete, und die später Neu-Kaledonien heißen sollte.

Der Mythos vom Südkontinent lebte bis zum Ende des 18. Jahrhunderts fort. Der große Geograph und Kartograph Alexander Dalrymple glaubte noch 1770 daran, kurze Zeit, bevor englische und französische Entdecker tatsächlich auf ihm landeten.

Man könnte sie auch Reisende des Zufalls nennen.

Zufällig entdeckte der britische Forschungsreisende Matthew Flinders die Nordküste. Ihm war nicht bewußt, daß es sich um ein Stück des neuen Kontinents handelte, Australien, wie ihn die Geographen schon lange nannten. Man hatte diesen Kontinent am Äquator erwartet, man glaubte ihn in Neuguinea entdeckt zu haben. Er war weiter südlich, noch weiter westlich (als die Entdecker vermuteten, die von den Küsten Amerikas aufbrachen). Aber man hatte schon den Glauben daran aufgegeben, daß der Globus ihn benötigte, um im Gleichgewicht zu bleiben, wie ein ordinärer Kreisel.

Was der Mythos nicht vorgestellt hatte, war die Unermeßlichkeit des Ozeans, diese Myriaden von Inseln, Inselchen und Atollen, die zwei Drittel der Erdoberfläche einnehmen, und vom Wendekreis des Krebses (Hawaï) bis in die Nähe des Südpols (zur Spitze

* Jules-Sébastien-César Dumont d'Urville (1790–1842, er starb bei einem Zugunglück) war ein französischer Seefahrer und Polarforscher. Anm. d. Ü.

Neuseelands) reichen, von der Osterinsel im Osten bis Indonesien im Westen und bis hinauf nach Madagaskar im Indischen Ozean. Ein Kontinent, eher aus Meer als aus Land, von der Tiefe emporschießende Vulkane und Korallenriffe bildeten seine Archipele, und sie waren besiedelt von Menschen, die eine der kühnsten Odysseen aller Zeiten über das Meer gemeistert hatten. Ein Kontinent, den die ersten europäischen Reisenden überquert hatten, ohne ihn zu sehen – der Traumkontinent.

Für die Völker, die sich als erste auf seine Unermeßlichkeit hinauswagten, war er allerdings ganz real. Waren sie vor allem wagemutige Seefahrer, furchtlose Abenteurer, oder aber Flüchtlinge, die keine andere Wahl hatten, um der Bedrohung von Krieg, Verbannung, Hungersnot oder Naturkatastrophen zu entrinnen? Wahrscheinlich kam all dies zusammen. Dumont d'Urville hielt die Polynesier für Überlebende eines versunkenen Kontinents – eine Variante des alten Mythos von Atlantis. Für G. S. Parsonson besteht (in *The Settlement of Oceania*) kein Zweifel, daß »die Bewohner Ozeaniens zu allen Zeiten buchstäblich dem Meer unterworfen waren.« Er bemerkt, daß die erste Besiedlung vor etwa 10 000 Jahren während jener kurzen Periode der agrarischen Wende begann, als die Erfindung von Steinwerkzeugen und Töpferkunst einen extremen Anstieg der Bevölkerung und damit einen Bedarf an Neuland zur Folge hatte. Professionelle Seefahrer waren zu allen Zeiten fasziniert von diesem Abenteuer, das bestimmt das erstaunlichste der ganzen Menschheitsgeschichte ist. So lehnt der Kapitän G. H. Heyen in einem Artikel die Theorie von Andrew Sharp ab, die Auswanderung habe nach dem Zufall von Wind und Meeresströmungen stattgefunden. »Die Verbreitung der polynesischen Kultur im Pazifik war das Ergebnis einer geplanten Unternehmung und nicht einer zufälligen Reise.«*

* Zitat übersetzt nach dem französischen Original; d. Ü.

Um dieses Abenteuer zu bestehen, mußten die Melanesier und Polynesier eine Reihe genialer Erfindungen entwickeln, die noch heute in Gebrauch sind: das Auslegerboot, *ruerue* genannt, eine doppelte Piroge, mit der auch Vieh und Proviant transportiert werden konnten, ein Katamaran mit Brücke und Segeln aus Pandangfasern an einem beweglichen Baum. Sie lernten zu warpen*, um gegen Wind und Strömung voranzukommen, dabei wurde abwechselnd gerudert und gesegelt, und sie lernten mit Hilfe der Sterne zu navigieren, nach Routen, die sie auf den Inseln in den Sand zeichneten. Thor Heyerdahl hat in einem bis heute berühmten Versuch nachweisen wollen, daß die Besiedelung Ozeaniens von Ost nach West geschah, ausgehend von der Küste Perus.

In Wirklichkeit war es nicht nötig, die riskante, dem Spiel von Wind und Meeresströmungen ausgesetzte Fahrt auf Schilfflößen zu bemühen, um diesen Wagemut zu erklären. Ein Drang war im Herzen dieser Männer und dieser Frauen, er trieb sie weiter, er gab ihnen die Vision einer neuen Welt, die sie brauchten. Die Not kam zu diesem Drang hinzu und ließ sie bis an den Horizont weiterfahren, Wind und Strömungen trotzend, in Richtung der aufgehenden Sonne. Vielleicht suchten diese Menschen nach dem Land ihrer Vorväter, wo die Toten leben? Vielleicht legten sie nur Zeugnis ab von der Neugier, die den Menschen von der Natur gegeben ist, und da sie wußten, daß die Welt in einem tiefen Schlund endet, wo Meer und Erde sich gegenseitig verschlingen, fuhren sie hin, um nachzusehen?

* Früher war das Warpen eine wichtige Technik, mit Hilfe zweier Anker gegen den Strom und den Wind z. B. aus einer engen Bucht zu gelangen. Anm. d. Ü.

KAPITEL ZWEI

Die »Reise ohne Wiederkehr«

Die Piroge ist aus einem langen Stamm des Brotfruchtbaums, der mit einem kleinen Steinbeil ausgehöhlt wird (dem *adze* der Archäologen, ein polierter Stein, der in einen Stiel aus »Eisenholz« gesteckt ist).

Sie ist tief, ihr Bug V-förmig und an Steuerbord ist sie über drei lange Äste des Banianbaums mit einem Ausleger aus Kokosholz XX–förmig vertäut. Auf den Armen des Auslegers haben die Männer einen Bretterboden aus Bambus gebaut, auf dem die Nahrungsmittel, lebende Pflanzen und Süßwasser transportiert werden. In der Mitte der Piroge steht ein Mast aus Banianholz, an dem das Segel aus geflochtenem Pandang befestigt ist, es ist über eine Leine mit dem Bug der Piroge verbunden und oben am Mast mit einem Baum aus Bambus, der sich über einen Flaschenzug aus Schwarzholz verschieben läßt.

In der Bootsmitte sitzen die Frauen. Matantaré hat sich in eine Matte gewickelt, sie hält ihr erstes Kind an der Brust, einen sechs Monate alten Säugling, der mit um die Brustspitze geschlossenem Mund schläft. Neben ihnen liegt Matansi auf den Boden der Piroge gekrümmt, Wind und Regen haben ihre Haare durchnäßt, sie stöhnt ein wenig im Halbschlaf. An manchen Tagen ist die Piroge auf hoher See, Männer und Frauen haben lange nichts gegessen, ihre Rippen zeichnen sich bereits unter der Haut ab, das gilt sogar für Tabiri, die von Natur aus eher ein wenig dick ist.

Am Bug und am Heck paddeln die Männer. Matantaré hört auf das regelmäßige Geräusch der Ruder, die gleichzeitig ins Meer tauchen, es unterbricht das Pfeifen des Winds und das Donnern der Wogen.

Als sie das Festland verließen, blies der Wind stetig in das Segel und sie meinten, die Reise nach Raga würde nur einen Moment dauern. Dann drehte der Wind, jetzt bläst er von Süden und Osten, läßt das Segel schlagen und den Mast knarren, wälzt große Wellen an die Bordwand der Piroge, der Sturm bohrt wie ein Schmerz, und wenn Matantaré sich zum Schlafen legt, hört sie das Gleiten des Wassers an ihrer Wange und träumt, daß sie ertrinkt.

Wenn sie nicht schläft, sitzt Matantaré aufrecht am Boden der Piroge, auf kurzen Schilfrohrstücken, die die Passagiere vor der Nässe schützen sollen. Sie schaut aufs Meer. Es gleicht einer sehr hohen Mauer, einem Kliff, das ständig in Bewegung ist. Am Gipfel der Woge ist eine kleine Wolke Gischt, die im Wind wegfliegt.

Matantaré hält Ausschau nach Zeichen.

Am Morgen, als sie erwacht war, hatte sie einen schnellen schwarzen Vogel gesehen, der über die Wasserfläche dahinglitt. Sie hatte voll Freude seinen Namen gerufen: »Ichiit!«, da waren die noch schlafenden Männer aufgewacht und hatten angefangen zu lachen. Tabitan, Matantarés Mann, sagte zu ihr, daß es nicht der gleiche Vogel sei, sondern ein Seevogel, einer von denen, die Tage und Wochen fliegen können, ohne sich auf Land zu setzen, bis ans Ende der Welt. Aber als Matantaré nach seinem Namen fragte, konnte er ihn nicht nennen. Er sah den Vogel zum ersten Mal.

Der Vogel ist eine ganze Weile still neben dem Boot hergeglitten. Auch wenn es nicht Ichiit war, der sich damit vergnügt, bei der Jagd nach Mücken über die Lagune zu streichen, Matantaré freute sich, ihn zu sehen, ein lebendiges Wesen, vielleicht sogar ein Glücksbote. Sie öffnete die Matte ein wenig, damit ihre Tochter Matankubis den Vogel sehen konnte, aber das Kind schrie wegen des kalten Windes und schlief an der Brust saugend wieder ein. Danach ruderten die Männer, außer während der kurzen Pause, als die Sonne über den Horizont strahlte und die alte Matanwa ihnen zu Essen gab, Yamsbrei in einer Schale.

Das Meer ist tiefblau. Am Himmel keine Wolke. Als die Piroge das Festland verließ, glaubten sie, sterben zu müssen. Am ersten Abend, als sie die Spitze von Grande-Terre bei der Igel-Insel umfuhren, begann der Wind zu wirbeln, die Wogen schlugen gegen die Piroge und kamen von allen Seiten zugleich. Tabitan holte das Segel herunter, aus Furcht, der Mast könnte brechen. Jede Welle stieg an der Piroge hoch wie ein wütendes Tier und die Frauen schöpften eindringendes Wasser. Matantaré horchte auf das Knarren des Auslegers, sie dachte, die Wellen würden die Halteseile lösen und die Plattform wegreißen. Die Männer ruderten unermüdlich gegen die Strömung, um von der Küste wegzukommen. Dann wurde es mit einem Schlag Nacht und es gab keine Sterne. Nur das Donnern der Wellen am Riff, ganz nah, und das unheilvolle Knirschen des Auslegers. Selbst Matansi hörte auf zu stöhnen, sie half den Frauen beim Schöpfen, ihre Hände begegneten sich am Boden der Piroge im kalten Wasser.

Dann überspülten die Wellen die Plattform, auf der die Pflanzen und Lebensmittel festgebunden waren. Trotz des tosenden Sturms waren die Schreckensschreie des einzigen Schweins in seinem Bambuskäfig deutlich vernehmbar. Dann plötzlich hörten die Frauen es nicht mehr, und Matantaré kroch trotz der Brecher bis zur Mitte des Bretterbodens, indem sie sich unten am Ausleger anklammerte und ihre Tochter dicht an ihrer Brust festhielt. Sie tastete nach dem Käfig, und durch die Stäbe hindurch berührte sie die Borsten des Schweins, das sich nicht mehr regte. Sie sagte laut zu sich: »Es ist tot.«

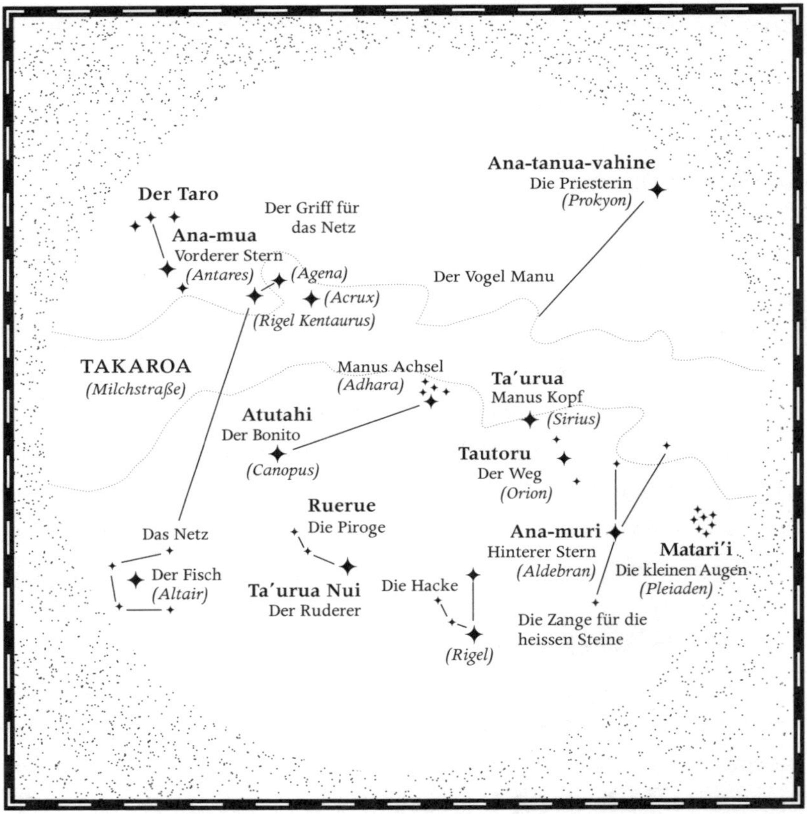

DER SÜDHIMMEL

Als sie zur Piroge zurückkehrte, traf eine Woge sie so hart, daß sie spürte, wie ihr die Tochter entglitt. Sie schrie verzweifelt, Matansi warf sich ihr entgegen, ohne sie zu sehen, ergriff den Säugling an einem Arm und zog ihn auf den Boden des Boots. Als Matantaré wieder in der Piroge war, zitterte sie am ganzen Leib vor Kälte und Angst. Doch als sie den warmen kleinen Körper ihrer Tochter spürte, war es ihr, als brächte sie ihre Tochter ein zweites Mal zur Welt. Danach legte sie sich auf den Grund des Boots, obwohl der Rumpf voll Meerwasser stand, und schlief trotz des tosenden Winds und der schlagenden Wellen ein.

Nachts, nach dem Ende des Sturms, ist der Himmel voller Sterne. Die Piroge gleitet, vom Südwind vorangetrieben, auf den Wellenkämmen. Die Männer liegen vorn, auf ihre Ruder gestützt, schlafend oder träumend. Matantarés Mann, er heißt Tabitan und ist groß und kräftig, liegt in der Mitte des Boots neben seiner Frau, die kleine Matankabis zwischen ihnen. Er schaut zu, wie der Wind im Licht des Himmels die Segel bläht, er hört das Geräusch des ruhigen Wassers, das den Rumpf entlangspült.

Er sieht die Sterne am Himmel aufgehen. Zuerst sieht er den »Weg«, drei Sterne in einer Linie, sie schaukeln mit dem Schlingern mal auf der einen, mal auf der anderen Seite des Masts. Dann sieht er, riesengroß, von einem Horizont zum anderen ausgebreitet, den Vogel Manu, wie er bei den Völkern im Osten heißt.* Seine Flügel bedecken den Himmel von West nach Nordost, sein Körper scheint in einem sehr weißen Glanz, wie der Körper der Seeschwalbe. Und unter dem Ansatz der Flügel sieht Tabitan ganz deutlich seine fünf Achselsterne. Die Nordspitze des Flügels bildet Ana-tanua-vahine, die Priesterin; die Westspitze Atutahi, der Bonito. Der Kopf ist Ta'urna. Der Vogel Manu fliegt über dem Wasser der Milchstraße

* Die Namen größerer Sterne und der Sternbilder des Südhimmels waren auf dem ganzen Pazifik in der mao'hi-Sprache bekannt. Der Vogel Manu erinnert an den Mythos von Tane, dem polynesischen Gott des Lichts, den die weiße Seeschwalbe verkörpert. Ta'urua (Sirius) symbolisiert das Fest und bezeichnet auch Venus.

nach Süden. Der Weg, den er den ganzen Tag zurücklegt, während man ihn nicht sieht, zeigt den Menschen die Route nach Raga an, dem neuen Land, wo Tabitan seine Familie hinführen will. Tabitan hat Kopf und Schnabel des Vogels an den Bug geschnitzt, damit sie sich nicht verirren.

Er sieht weiter in den nächtlichen Himmel, das Netz, das die Fische an der Mündung des Bachs fängt, wo sie glitzern, und den langen Stiel, den der Fischer hält. Er sieht auch Matarií, mit kleinen Augen, die Spinne auf ihrem taubeperlten Netz. Weiter nach Westen sieht er die Wurzel des roten Taro, drei Sterne, die eng um Ana-uma stehen, die vordere Riesin, und manchmal ins Meer tauchend, die große Zange, mit der man die heißen Steine zum Kochen aus dem Feuer holt, und, auf der anderen Seite, die Hacke, mit der die Wurzel ausgegraben wurde. Ganz im Süden, den Horizont entlang, verfolgt Tabitan, wie eine Spiegelung ihrer eigenen Reise, die Abdrift der langen Piroge, denn Ta'urna Nui, ihr Ruderer, ist eingeschlafen …

Die Piroge läuft glatt über die beweglichen Berge, und der bestirnte Himmel dreht sich langsam über ihrem Mast und über dem Bug mit dem Vogelkopf, wie eine vollkommene, geglückte Welt. Es ist, als hielten die Götter diese Männer und Frauen in ihren Händen.

Jede Nacht sind am Himmel die gleichen Zeichnungen, auch wenn Meer und Land ihr Gesicht wechseln. Sogar wenn Krieg und Hunger die Menschen dazu drängen, wieder die Fluten zu befahren, hin zu Ländern, die sie nur vom Hörensagen kennen.

Tabitan kennt die Sterne gut. Einige sind kalt, sie schicken böses Licht. Andere scheinen sanft und bleich, ihr rosafarbenes Licht erinnert an Frauenleiber, an das Innere der Tarowurzel. Wieder andere Sterne pulsieren nahe am Horizont, als wären sie neu geboren. Ohne sie hätten weder Tabitan, noch Tabiri oder Matantaré, nicht einmal die alte Matansesé, die schon zwei Leben lang gelebt hat, keiner von ihnen hätte ohne die Sterne zum Horizont losfahren wollen.

»Warum willst du fort?«, hatte Matantaré sie zu Beginn einmal gefragt. Die Alte knirschte mit den beiden Zähnen, die ihr als einzige von ihrem Gebiß geblieben sind. »Weil sie hier Menschen essen.« Doch wer würde ein altes Fleisch wie Matansesé essen wollen? Trotz der Kälte in der Nacht nach dem Sturm mußte Matantaré lachen.

Der Stern, der dem Horizont am nächsten blinkt, heißt der Erste Vorfahre, ihm folgt nach Mitternacht der Mittlere Vorfahre. Ihn hat Matantaré auch in dem Moment gesehen, als sie Matankabis aus ihrem Bauch herauspreßte. Er hat ihrer Tochter die Seele geschenkt, und so erhielt sie den Namen dieses friedvollen Augenblicks.

Der Wind ist schwächer geworden, seine Berührung ist jetzt ein leichter Atemhauch, lauwarm wie ein schlafender Leib. Die Reisenden sind endlich eingeschlafen.

Matantaré denkt an die Zukunft. Es heißt, in Raga gibt es keinen Krieg, keine Hungersnot. Das Wasser fließt dort reichlich aus den Bergen, und das Land ist so fruchtbar, daß man nur einen Stock zu pflanzen braucht, und er schlägt aus. Es genügt, die unteren Zweige eines Baums auseinanderzubiegen, und ein Wildschwein läuft vor die Pfeile der Jäger.

Sie denkt an die Felder, die sie besäen wird, an den Taro und den Yams, den sie in die Erde stecken wird, damit sie sich vermehren und sie ernähren. Das Meer hat sich beruhigt. Fern der Riffe atmet das Meer frei, es bläht seinen Atem, und die Piroge steigt und fällt auf den Wellen in einem kräftigen, regelmäßigen Schaukeln, das die Reisenden einlullt. Mit der Wange an den Schilfhölzchen auf den Planken horcht Matantaré auf das Meer, das Gleiten des Wassers am Bug, das Zischen der Gischt, das Knarren des Auslegers, den Wind im Segel, und sie träumt.

Land ist nicht weit. Tabitan hat das Meerwasser probiert, er sagt, in zwei Tagen, vielleicht schon früher, werden sie in Raga ankommen.

Es gibt noch keine Vögel, aber die Luft ist stiller, die Wogen sind schwerer geworden und Schulen fliegender Fische tummeln sich vor der Bugspitze.

Mit der Hilfe der alten Matansesé und ihrer Schwester Matansí hat Matantaré auf der Plattform, im Schutz vor dem Wind, Feuer angefacht. Die Alte nimmt eine geschärfte Muschel, um das Schwein in Streifen zu schneiden und das Fleisch zu räuchern, bevor die Würmer es befallen. Mit Meerwasser begossen, krümmen die Fleischstreifen sich auf dem Bambusgrill und verbreiten einen köstlichen Duft. Wäre da nicht die unermeßliche Weite des Himmels und der See, sie könnten auf einer Vergnügungsfahrt sein, einem Ausflug, um Vogeleier aus den Nestern zu holen, um am Riff Fische zu fangen oder Trepang herzustellen.

Inzwischen können sich die Männer entspannen. Vorn in der Piroge liegend, sprechen sie miteinander und lachen laut, von Zeit zu Zeit stoßen sie begeisterte Schreie aus, über den Blick oder den Duft des zubereiteten Schweinefleischs. Neben Tabitan sitzend, haben sein jüngster Bruder Tabinwèl und sein Vetter Bouléourou die Müdigkeit vergessen. In der Sonne glänzen ihre von der Nässe schweren, geflochtenen Haare kupferfarben und ihre blauen Tätowierungen leuchten, als wären sie ganz neu. Sie reden von künftigen Jagden, oder von ihren früheren Taten. Von den Frauen, die sie heiraten werden, von den Rangstufen, die sie erreichen wollen. Diese Prahlereien ärgern Tabitan. Er möchte sie gerne daran erinnern, wo sie sich befinden, auf hoher See, ohne Land in Sicht, ohne einen einzigen Vogel, um es anzuzeigen. Aber dann verzichtet er darauf, schließt die Augen und atmet den Duft gebratenen Fleischs.

Es dauert noch mehrere Tage und Nächte. Die Piroge fährt unaufhaltsam weiter, manchmal von allein, sacht vom seitlichen Wind, manchmal von den Rudern angetrieben. Männer und Frauen haben sonnenverbrannte, vom Meerwasser welke Haut. Sogar Matankabis ist am Ende ihrer Kräfte. Die Muttermilch ist versiegt, da Matantaré nur noch ein bißchen Wasser vom Grund der Kalebasse zu trinken bekommt. Die Milch geht durch den Körper des Kindes, ohne ihn zu nähren, im Gegenteil, es nimmt von Tag zu Tag ab, und seine Haut ist grau und faltig geworden wie bei einer alten Frau. Es wimmert die ganze Zeit. Matantaré drückt es an die Brust, sie singt ihm Wiegenlieder, aber sie denkt an Totengesänge.

Eines Morgens bei Tagesanbruch schreckt Matantaré auf. Alle schlafen am Grund der Piroge, das schlaffe Segel schlägt im wechselnden Wind. Dort, am Horizont, klar und schwarz gegen das Licht der aufgehenden Sonne, sieht sie eine Insel, dann noch eine, Bergspitzen, die aus dem Ozean aufzutauchen scheinen.

Sie sagt noch nichts. Sie stellt sich auf die Bambusplattform, Matankabis fest in der Matte haltend, und schaut. Dann überquert ein großer Schwarm weißer Vögel keckernd den Himmel über der Piroge und die Reisenden kommen zur Besinnung. Sie springen auf, stoßen spitze Schreie aus, als riefen sie sich gegenseitig im Dschungel: *aiiiiiiiiii!*

Sie beginnen aus Leibeskräften zu rudern, sie sind am Ziel. Am selben Abend werden sie zum ersten Mal Land berühren, sie werden den Boten von Mata die Geschenke überreichen, die sie mitführen, Eberzähne, Perlmutt und von den Frauen gewebte Matten. Morgen oder später werden sie auf Raga sein, sie werden die Leute treffen, die ihnen vorausgefahren sind, sie werden ihre Felder in Besitz nehmen, indem sie den Dschungel roden, sie werden zu den Geistern des Ortes beten, sie auf ihrem Land aufzunehmen.

Hier werden sie weder Krieg noch Hunger fürchten müssen. Sie werden das erste Wasser aus dem Bach trinken, der hoch aus den Bergen herabstürzt. Auf dem Kieselstrand werden sie das erste Haus bauen, aus Zweigen und Palmblättern, und sie werden die drei schwarzen Steine für den Herd hineinsetzen.

Raga wird aussehen wie ein langer schwarzer Leib, der auf dem Meer ausgestreckt daliegt. Raga, die Schweigsame, mit von Farnen und Bäumen bedeckten Hängen, Raga, die Lavamauer mit ihren in den Wolken versteckten Gipfeln. Raga, die Geheimnisvolle, wo sie neue Wege eröffnen werden, zitternd vor Angst, zwischen den Gräbern der verstorbenen Vorfahren.

Der Ort, an dem sie bleiben werden, trägt bereits einen von der Legende hinterlassenen Namen. Dieser Name knistert und klingt wie der Wind, wie die Stimme der Blätter und wie das Murmeln des kalten Wassers im Bach, der zu seinen Füßen fließt.

Der Name ist Melsissi.

KAPITEL DREI

Melsissi

Ein Dorf klammert sich an das schwarze Kliff, hoch über der weiten Bucht.

Auf einer erdbedeckten Platte, wie zufällig abgesetzt.

Der Strand ist eine weite Fläche mit grauen Kieseln, aus flachen Schiefern, Korallenresten und vom Meer polierten Basaltstücken.

Das Meer liegt offen da, nur eine Korallenplatte berührt die Oberfläche, genau unterhalb des Dorfs. Der Bach namens Melsissi fließt aus dem hohen Gebirge, den Bruchlinien folgend herab (der höchste Gipfel von Pentecost mißt 870 Meter). Er ergießt sich, den Strand querend, ins Meer, ohne Windungen, als Wasserfall. Vor der Mündung zeigt eine stehende Welle den Aufprall des süßen auf das salzige Wasser an.

Die Berge vergißt man hier nie, an keinem Ort. Das Dorf scheint sich an eine schwarze Mauer zu krallen, an der sich die Wolken stoßen. Auf den Bergen eine wild verschlungene Vegetation.

Entlang dem Küstenstreifen wechseln halb verfallene, grasüberwucherte Pflanzungen mit Kokospalmen und Wiesen, auf denen indische Kühe umherirren.

Es vermittelt sich der Eindruck von Einsamkeit, von Abgeschiedenheit, von Stillstand. Und doch vergißt man nicht, daß die Bewohner, ebenso wie auf Ambrym, Efaté, Malekulo, Ambae und Aneityum, Söhne und Töchter von Menschen sind, die einst eine der wagemutigsten Seereisen der Menschheitsgeschichte unternommen haben.

Charlotte Wèi Matansuè.
Ich hörte von ihr schon in Port-Vila.

Man erzählte mir ein wenig von ihrer Geschichte, wie sie eine Frauenvereinigung aufgebaut hat, um einen Teil des Kulturerbes von Vanuatu weiterzupflegen: das Flechten von Körben und Weben von Matten aus gefärbten Pandangfasern. Ich erwartete, eine Frauenrechtlerin zu finden, die Sorte Lehrerin, die in einer französischen Konfessionsschule erzogen wurde und an Versammlungen und politische Arbeit gewöhnt ist.

Als ich dann ins Kloster von Melsissi kam, traf ich eine kleine schmale Frau um die vierzig, mit einer dichten Masse lockiger Haare und einem intelligenten Gesicht. Sie glich eher einer Madegassin als einer Melanesierin, mit ihrem kupfernen Teint, den hohen Wangenknochen und den mandelförmigen Augen.

Sie war gekommen, um mich zu treffen. Ein Anruf ihres Onkels Vincent Boulékone hatte sie von meiner Ankunft unterrichtet. Auch die Nonnen erwarteten mich schon. Charlotte war jeden Tag zum Kloster gekommen.

Sie steht auf der Türschwelle und scheint etwas eingeschüchtert. Alles an ihr weist auf bescheidene Verhältnisse hin, ihr schäbiges geblümtes Kleid und die nackten Füße in abgetragenen Flipflops. Sie steht da, mit gekreuzten Armen, die Hände unter den Ellbogen verborgen, in der Haltung der Inselbewohner. Ich hatte nicht gleich erfaßt, daß sie es war, die Frauenrechtlerin von Raga.

Schwester Simone stellte uns vor. Wir tauschten ein paar Sätze in der Küche, beim Warten auf das Abendessen.

Das Kloster von Melsissi ist sehr eindrucksvoll. Zunächst durch die Größe der Gebäude aus Zementquadern, mit langen Bogengalerien und hohen Fenstern in Holzrahmen. Das Kloster nimmt die ganze Höhe des Dorfes ein, an dieser Stelle hat man einen Blick von 180 Grad über das Meer. Es drückt die Macht der katholischen Kirche aus, die Rolle, die Missionare in diesem fernen Archipel spielten. Das Kloster bezeichnet auch den Wandel, den die katholische Kirche auf der Welt durchläuft. Kein Niedergang, eher eine tiefgreifende Veränderung, die zu einer neuen Institution führen muß.

Es fehlt Geld, Berufungen sind selten geworden. Dieses leere Gehäuse beherbergt mittlerweile eine Geistlichkeit neuer Art. Nonnen von den Inseln haben die Italienerinnen und Bretoninnen ersetzt. Schwester Simone stammt von Ambae, Gladys, die Novizin, von Raga. Sie sprechen Bislama (die *lingua franca* von Ni-Vanuatu), aber auch Apma, die Sprache aus dem Inneren der Insel. Schwester Gladys spielt Gitarre, sie singt mit einer schönen, tiefen, leicht jazzigen Stimme Lieder von Stone und Charden, von Keren Ann.* Sie sind nur zu zweit, um ein Kloster zu unterhalten, das etwa fünfzig Nonnen aufnehmen könnte. Sie kümmern sich um die Schule, die Krankenstation, sie organisieren Feste und Zeremonien. Es gibt Veranstaltungen mit traditionellem Tanz auf dem Platz vor der Kirche, mit Trommeln aus dem Wurzelholz der Farne, genau wie vor dem *nakamal*, dem Gemeinschaftshaus des Dorfes. Vor kurzem ist ein Student des Priesterseminars von Efate herübergekommen. Er ist zwanzig, spielt Gitarre und trinkt jeden Abend Kava mit den Männern des Dorfs unter dem großen Mangobaum. Er gibt sich witzig und sarkastisch, da er mir total mißtraut. Ich bin für ihn vor allem ein Weißer, das Schlimmste, was es auf Erden gibt – eine Einstellung, die nicht unbegründet ist, wenn man die Kolonial-

---

* Stone und Charden, französisches Gesangsduo der 1970er Jahre, mit einem Comeback in den Neunzigern.
Keren Ann, frz.-jüdische Sängerin, u. a. mit einem H&M-Werbesong. Anm. d. Ü.

geschichte der Neuen Hebriden bedenkt. Er ißt schweigend die Mahlzeit, die Schwester Simone zubereitet hat, und verschwindet unter dem Vorwand einer Zusammenkunft – bestimmt mit dem Kava. Charlotte ist nicht zum Essen geblieben. Aus Schüchternheit und Vorsicht gegenüber den Nonnen, die hier die einzige Autorität darstellen. Außerdem muß sie sich um ihre Töchter kümmern. Wir haben uns für den nächsten Morgen verabredet, um zum Dorf Ilamre zu gehen, oben in den Bergen.

Ich wandere mit Charlotte Wèi in die Berge. Der Weg ist eine ehemalige Piste, er klettert von Melsissi ausgehend fast in gerader Linie das Kliff hinauf, mit Steigungen von vierzig bis fünfzig Prozent. Dies war einmal der einzige befahrbare Weg, der die Insel von Westen nach Osten querte. Heute ist es schwer vorstellbar, daß ein Fahrzeug dieses Geröll überwindet. Charlotte spricht von einer Enduro, die früher Melsissi mit den Dörfern dort oben verband, bis hinauf nach Vanmelang. Damals war die Piste zementiert, aber die Erdbeben haben alles zerstört, die Sturzregen alles zerfurcht. Die wenigen Besucher gehen zu Fuß. Gras, Lianen und Buschwerk haben die Piste überwachsen. An manchen Stellen muß man kraxeln und seine Hände zuhilfe nehmen. Das gilt für mich, denn Charlotte steigt mühelos hinauf, von Fels zu Fels springend, wie ein Zicklein. Sie ist schlank und muskulös, mit den Kniekehlen und den Oberschenkeln einer Bergbewohnerin. Pentecost, französisch *Pentecôte*, die Insel der Hänge und Steilabfälle, hatte mir schon Schwester Simone bei der Ankunft gesagt. Ich muß ab und zu stehen bleiben, um zu verschnaufen. Mir kommt es vor, als müßte ich die Stufen des Empire State Buildings erklimmen.

Rechter Hand sehe ich die tiefe Schlucht mit dem Melsissi. Über uns verliert sich der Gipfel der Insel in Wolken. Charlotte erzählt mir, sie sei als Kind dort ganz hinaufgestiegen. Der Berg sieht aus wie ein schwarzer Zahn und ist dem Pieter Both auf Mauritius verblüffend ähnlich. Ich denke daran, wie mein Vater ihn etwa im gleichen Alter wie sie bestiegen hat. Es sind diese Erinnerungen, die die Zugehörigkeit zu einer Insel begründen.

Der Unterschied zwischen Raga und Mauritius besteht darin, daß hier die Besiedlung durch die Menschen offensichtlich beim ersten Kapitel stehen geblieben ist. Es gibt keine großen Kulturen wie auf Mauritius, Plantagen mit Zuckerrohr, Tee oder Ingwer. Es gibt auch keine großen Dörfer in den Tälern, und praktisch keine Spuren der modernen Welt, außer dem Nonnenkloster von Melsissi und dem Allrad-Toyota von Noël, der mich vom Flugplatz hergebracht hat.

Während ich allmählich die Steilwand hinaufsteige, und sich der hingestreckte Leib der Insel vor mir ausbreitet, bekleidet mit seinem grünen Pelz, ändere ich meine Meinung: An einem bestimmten Punkt (sicher noch vor der Unabhängigkeit, während der großen Rivalität zwischen Engländern und Franzosen, zwischen Protestanten und Katholiken) haben sich die Einwohner dieser Insel vom Fortschritt ab- und dem zugewandt, was sie von jeher gestützt hatte, die Kenntnis der Pflanzen, ihre Tradition, die Märchen, die Träume, ihre Vorstellungswelt – was die Anthropologen unter dem Begriff *kastom* zusammenfassen.

Wenn es nicht so wäre, warum sollten diese Menschen so weit von den Küsten entfernt wohnen, auf diesen unzugänglichen Höhen, Adlerhorsten gleich, die nur über stundenlange Fußmärsche zu erreichen sind, wie zu der Zeit, als sie frisch auf der Insel gelandet waren?

Dunkle Schluchten und von der Sonne beschienene Berghänge. Die Luft wird durchsichtig, leicht, befreit von der schwebenden Feuchtigkeit, die die Realität wie Dauernebel verschleiert, und doch scheint mir, als vertiefte sich das Geheimnis, je weiter ich hinaufgelange.

Stimmen schallen vom Talgrund des Melsissi herauf. Es ist kein Lied, sondern eine Art skandierter Schrei, regelmäßig, hoch, dann tief, ohne Worte. Charlotte erklärt, eben werde ein Mann beerdigt, der in der Nacht im Dorf gestorben sei. Vorgestern hatten sie ihn mit einer Lebensmittelvergiftung zur Gesundheitsstation gebracht (er hatte einen an Land gespülten Fisch gegessen). Nach einer Durchfallbehandlung war er sehr geschwächt nach Hause zurückgekehrt und am Ende gestorben. Der Mann war vierzig Jahre alt, verheiratet, hatte Kinder. Es sind die Stimmen seiner Angehörigen, die vom Friedhof am Talgrund heraufsteigen. In der wilden Natur, in der Stille unter der heißen Sonne klingen diese feierlichen Rufe ergreifend und jagen einem Schauer über den Rücken. Die Stimmen weben aber auch einen tönenden Katafalk, der das Tal erfüllt, Echos weckt, von allen Seiten zurückzuschallen scheint. Sie nehmen Besitz von den Bergen, zeugen von menschlichem Leben, wie Kindergeschrei, die Rufe der Frauen oder der Geruch von Rauch, der von einem Dorf aufsteigt. Alle Einwohner der Gegend sind zur Beerdigung gegangen, auch der katholische Seminarist und der protestantische Pastor.

Auf dem Weg hinauf nach Ilamre treffen wir Nachzügler, die sich zum Friedhof begeben. Charlotte sagt: »Im Dorf werden wir niemanden antreffen, nur Alte und Kinder.«

Während dieses Aufstiegs nach Ilamre berichtet mir Charlotte dann die Geschichte ihres Lebens. Da ich schnell ermüde, bleibe ich stehen, und sie erzählt. Ihre Geschichte ist im Grunde banal, und überdies traurig. (»Ach, die geschlagenen Frauen«, sagt M. F. dazu ..., als ich ihr von Charlotte erzähle). Sie wurde gemäß dem Brauch sehr jung verheiratet. Ihr Mann erwies sich als eifersüchtig und brutal. Er verprügelte sie regelmäßig. Sie hat drei Kinder von ihm, lauter Mädchen. Als die Kinder größer sind, beschließt Charlotte eines Tages, es sei genug, sie verläßt den Mann und nimmt die Kinder mit ins Dorf ihrer Großmutter, nach Ilamre. Auf Pentecost gehört sich das nicht. Der Mann hat den Brautpreis bezahlt, die Familie der Frau ist vertraglich gebunden. Die Familien greifen ein, mehrmals verspricht der Mann Besserung, aber jedesmal fängt er wieder an. Charlotte erzählt keine Einzelheiten von der Trennungszeit, aber ich kann mir vorstellen, wie schwierig, ja sogar dramatisch das alles gewesen sein muß. Der Ehemann lebt weiter in Auak, seinem Geburtsort, nur einige Kilometer von Ilamre entfernt in den Bergen. All die Jahre des Leidens, der Tränen und der Scham erwähnt sie mit einem Lachen, ohne näher darauf einzugehen. Sie sagt nur, ihre Familie und ihre Töchter seien stets auf ihrer Seite gewesen und hätten ihr geholfen. Sie wurde nicht geschieden oder verstoßen. Das ist auf Pentecost nicht üblich. Aber die Trennung ist jetzt endgültig.

Ganz schüchtern, mit einer Scheu, die bei einer so starken Frau überrascht, spricht Charlotte von ihrem neuen Freund, der auf einer Nachbarinsel lebt und den sie ab und zu besucht. Sie weiß, sie wird ihn nie heiraten können. Sie weiß, sie muß allein bleiben, sich dem Leben stellen, ihre Töchter ohne jede Unterstützung aufziehen. Sie äußert sich nicht mit Bitterkeit, eher mit einer inneren Ruhe, die nicht Resignation, sondern Realismus entspringt.

Wenn ich Charlotte anhöre, sie beobachte – so lebhaft, amüsant, jugendlich, ein wenig mädchenhaft in der Art, wie sie redet oder leicht von Fels zu Fels springt – muß ich unwillkürlich an die Begegnung der Frauen dieses Volkes mit den großen Ethnographen denken, wie Malinowski, Margret Mead, John Layard und insbesondere Jean Guiart. Ist es möglich, daß die Frauen sich innerhalb ein oder zwei Generationen derart verändert haben? Oder hätten diese Theoretiker der primitiven Gesellschaften große Teile im Leben der von ihnen untersuchten Völker vergessen, die ganze Alltäglichkeit, der vor allem die Frauen unterworfen sind, die Geschichten von sexuellem Mißbrauch, Gewalt in der Ehe, und Eifersucht? Wie schwer es für Frauen ist, ihre Rechte durchzusetzen, egal in welcher Gesellschaft sie leben? Ich denke auch an die Afrikanerinnen, die heute in Gesellschaften, die vom Postkolonialismus zersetzt sind, ganz vorne stehen im Kampf um ihr Recht auf Glück und freie Meinungsäußerung. Oder vielleicht haben sie, diese großen Beobachter, die damit beschäftigt waren, aussterbende Völker zu zählen, nur mit einem abgeklärten Seufzer gesagt: »Ach, die geschlagenen Frauen ...«

Ilamre heißt »Dorf in der Luft«.

Wer von der Küste heraufkommt, dem Streifen, wo der Kontakt mit dem industrialisierten Westen stattfand, eine Zone physischen und kulturellen Verfalls, wo der Zement der Landungsbrücken vom Salz zerfressen wird, ebenso wie die Reste der sogenannten imperialen Größe (Victoria, Napoleon III, Wilhelm II), halb verlassene Gebäude aus rostigem Wellblech und Beton, die Kampfstätten zwischen französischen Katholiken und angelsächsischen Presbyterianern, daneben kleine Läden, Hütten, wo Zinkplatten und Zementsteine die Wände aus geflochtenem Bambus ersetzt haben, und über allem schwebt diese Langeweile, wie über jeder Grenze der Welt – der empfindet die Ankunft in den Bergen wie den Eintritt ins Paradies.

In siebenhundert Metern Höhe läßt das Kliff Platz für ein eingeschnittenes, baumbestandenes Plateau, in dem sich große Lichtungen öffnen. Im Gegensatz zur Mauer aus schwarzem Fels oder zu den von Lianen und Farnbäumen überwucherten Wildbächen gibt es hier rote, lehmige Erde, große Bäume können sich ausbreiten, Stinkbäume, Brotfruchtbäume, Sago-Palmen. Die Luft hier oben ist leicht, der Schatten frisch. Man kann die stickige Atmosphäre von unten vergessen, den etwas bedrückenden Dauerregen selbst bei blauem Himmel.

Das Dorf Ilamre nimmt einen großen Teil des Plateaus ein. Es ist das erste wichtige Dorf auf der Route nach Osten, die nach Tsinbwege hinabführt. Ein Dorf ohne Straßen, die Häuser aus Bambus mit Blätterdächern sind unregelmäßig auf dem Pflanzenteppich verstreut. Im Zentrum der Tanzplatz aus gestampfter Erde und der *kamal* (das Gemeinschaftshaus, in Bislama *nakamal*), erbaut nach dem rituellen Plan von ganz Melanesien, ein Langhaus mit

Bambuswänden und einem Strohdach, das die Form eines umgekehrten Boots annimmt – die große Piroge der Reise ohne Wiederkehr.

Vom Platz aus sind alle Häuser des Dorfs zu sehen, bis zu den Hügeln, und nach Süden der Wiederanstieg der Berge, die in den Wolken stecken. Wäre nicht die harte Kraxelei hier herauf, man könnte meinen, sich mitten in einem weiten Land zu befinden, fern vom Meer. Und tatsächlich vermittelt Ilamre den Eindruck, der wahre Hauptort dieses Landes zu sein.

Warum haben die Einwohner dieser Inseln (auf Raga, aber auch auf Espiritu Santo, Ambae und Malekulo) das Leben in den Bergen gewählt? Als hätten sie am Ende ihrer unglaublichen Reise beschlossen, das Meer zu vergessen und Bauern zu werden. Ist das so schwer verständlich? Schließlich haben es die Bretonen ebenso gemacht, am Ende des 6. Jahrhunderts, als sie sich auf Lederbooten einschifften, um das Armorikanische Land zu besiedeln. Und außer einigen wenigen Lagern am Strand befanden sich die meisten Ansiedlungen der ersten Menschen im Innern des Landes, ob in den eingeschnittenen Tälern der Dordogne oder auf den Savannen Afrikas.

Wenn man in Ilamre ankommt und die Ruhe der Berge genießt, versteht man: Dort unten, an der Küste, herrschen die Stürme, die Angst vor Invasionen, Fieber, Moskitos.

Doch das idyllische Bild hat auch eine Schattenseite: die Erdbeben. Das letzte vor etwa zehn Jahren hat das Dorf zerstört und die wenigen Gebäude aus Stahlbeton einstürzen lassen, die nach der Unabhängigkeit erbaut wurden: das Haus des Häuptlings Boulékoune, die Kapelle und das Gemeinschaftshaus, das den alten *kamal* ersetzen sollte. Seither wurde keines von ihnen wiedererrichtet. Für längere Zeit hat sich nun die Überlegenheit der alten Bauweise in Holz mit Blätterdach erwiesen! Unten an der Küste hat ein Tsunami mehrere Dörfer zerstört, bis Baie-Barrier, ganz im Süden. Auch das ist zweifellos einer der Gründe für die Einwohner, lieber auf der Höhe zu leben.

Die Entfernung ist relativ. Wenn Charlotte allein oder mit ihren Töchtern geht, braucht sie eine Stunde, um nach Ilamre hinaufzusteigen, hinunter geht es noch schneller. Nur die Kleinkinder und die Alten sind in den Dörfern gefangen. Aber das wellige Plateau um sie herum mag ihnen grenzenlos erscheinen. Es ist, als schwebten sie in einem Rundflug in den Lüften über dem Ozean.

Hier, in Ilamre, in diesem einfachen, friedlichen Ort, werden die schönsten Matten von Vanuatu hergestellt. Es gibt sie in drei Sorten, die Webmethode ist seit Urzeiten die gleiche: *tsip*, die schmale lange Matte, die den Frauen als Rock dient; *butsuban*, die Schlafmatte und *sese*, die große Matte, die nur bei Hochzeiten und wichtigen Zeremonien verwendet wird. Die Webkunst ist eng mit der Kultur von Raga verbunden, sie bildet ihre Identität, ihren Stolz und ihr Zahlungsmittel. Diese Kunst ist allein den Frauen vorbehalten.

Charlotte Wèi ist es zu verdanken, daß diese Kunst eine neue Blüte erlebt. Als 1980 das Archipel der Neuen Hebriden nach langen Kämpfen zur Unabhängigkeit gelangte und sich den schönen Namen Vanuatu gab, war das traditionelle System des Austauschs von Naturalien (*troc*) durch die Bezahlung mit Devisen bedroht, denn mit dem *vatu* (»Stein« in der Efaté-Sprache) wurde ein neues Geld geschaffen.

Die Männer, die von Raga aus nach Efaté oder Neu-Kaledonien zur Arbeit gingen, haben sich schnell daran gewöhnt. Für die Frauen war das schwieriger. Bis dahin waren die Matten, die sie in ihren Mußestunden webten, ihr einziger Reichtum gewesen. Sie tauschten sie untereinander aus, wenn sie sich trafen und schufen damit die Mitgift für ihre Töchter. Doch was ist eine Pandangmatte in der modernen Industriegesellschaft wert? Charlotte und ihre Frauenvereinigung haben erreicht, daß diese Kunst in das Währungssystem des jungen Staats eingegliedert wurde. Jetzt können die Frauen von Raga Waren und Dienstleistungen mit ihren Matten bezahlen, Dinge des täglichen Bedarfs einkaufen, in der Gesundheitsstation die Medikamente oder das Schulgeld für ihre Kinder begleichen. In der heutigen Welt, wo selbst das Geld virtuell geworden ist, mag das etwas rückständig erscheinen. Aber für die Frauen war es ein Mittel, um wirtschaftlich unabhängig zu bleiben und sich in die Marktwirtschaft zu integrieren.

So unbedeutend ist das gar nicht. Im Handelsverkehr stellt das Geld (die Banknote, die Kreditkarte) nur einen kleinen Teil der Transaktionen dar. Auch Perlen und Kokosnüsse sind in manchen Regionen, wie die Tonne Nickel oder das Barrel Erdöl, echte Zahlungsmittel, das heißt Güter mit einem Mehrwert an Arbeitskraft oder Seltenheit.

Auf Raga fällt die Hauptarbeit der Mattenherstellung den Frauen zu.

Sie müssen zuerst die *wip*-Blätter sammeln gehen (von der Pandanus-Palme, die auf Mauritius *vacoa* heißt). Nachdem sie getrocknet sind, werden die Blätter über dem Feuer erhitzt, damit sie weicher werden, dann schälen die Frauen mit einem Bambusmesser die Blattscheiden heraus. Anschließend tragen sie große Bündel der Fasern zum Meer, dort werden sie im Meerwasser gewaschen und mit dem Salz gebleicht, danach werden sie ausgiebig im Bach gespült und schließlich zum Trocknen auf den Strand gelegt. Nach diesen vorbereitenden Arbeiten (die mehrere Tage dauern) werden die Fasern an alle Frauen des Dorfs verteilt, die sie zum Flechten mit nach Hause nehmen.

Das Flechten geschieht traditionell im Freien, in der Kühle vor Einbruch der Nacht. Es ist die Gelegenheit für die Frauen, Geschichten auszutauschen oder Tratsch und Neuigkeiten weiterzugeben.

Charlotte hat dazu beigetragen, daß die Matten – und mit ihnen die Arbeit der Frauen – als Wert im Handel anerkannt wurden. Sie hat vor allem erreicht, daß der Status der Frauen in der traditionell männlich beherrschten Gesellschaft von Vanuatu wertgeschätzt wird. Nachdem sie lange Zeit aus dem *kamal* ausgeschlossen waren, haben sie jetzt das Recht, sich dort mehrmals in der Woche zu versammeln, ihre Arbeiten zu vergleichen und vor allem über ihre Probleme zu sprechen. Die Matten sind für sie zu einem Mittel geworden, Einfluß zu nehmen. Dies ist kein geringer Fortschritt, der außerdem weder der katholischen Mission noch den Reden der Politiker etwas zu verdanken hat. Es ist allein die Leistung der Frauen von Raga.

Die geflochtenen Matten sind von einem blendenden Weiß. Es folgt das Färben, das ebenso aufwendig ist.

Die Muster stammen aus einem Repertoire, das die Ursprünge der Kultur von Raga abbildet. Manche sind einfach: Zacken, Rauten, Streifen. Andere sind komplexer und zeigen richtiggehende symbolische Bilder: *Ungan rava*, die Hibiskusblüte, *kain bu*, der Bambuswald, *butsu metakul*, das Antlitz der Sonne, *karauro*, das Zeichen des Ranges, *marin bo*, die Rippen des Schweins, *ilin bwaga*, das schwarze Gefieder des Blesshuhns.*

Es gibt auch esoterische Muster. Will die Weberin ein solches verwenden, begibt sie sich zu einem Seher. Seher können Männer oder Frauen sein, die mit Hilfe einer magischen Pflanze (wahrscheinlich der Engelstrompete) initiiert wurden. Dem Seher obliegt es, den »stencil«, die Matrize, herzustellen, die für den Druck dieses Musters verwendet wird. In einem weichen Blatt, das er einer Bananenpflanze am Stamm entnimmt, schneidet er mit einer Bambusschneide die Linien der Zeichnung ein. Die rote Farbe stammt von einer Liane namens *laba* (im Folgenden werden wir ihr in einer Legende wiederbegegnen), die Frauen holen sie aus dem Dschungel in der Nähe des Strandes. Die Liane wird zerstoßen, bis sich eine Paste bildet. Währenddessen wird Wasser in einem

* Geneviève Mescam, Denis Coulombier: *Pentecost, an Island in Vanuatu*. Suva, University of the South Pacific, 1989.

langen Zylinder zum Kochen gebracht, der früher aus der sehr harten Rinde eines Baumes namens *kamptzi* bestand. Heute ist der Baum selten geworden, und ein Stück Blech ist an die Stelle der Rinde getreten, das den Vorteil hat, nicht zu brennen (dafür aber rostet). Die Weberin wickelt die Matte in ihrem »stencil« aus dem Bananenblatt auf einen langen Bambusstab. Das Ganze wird in kochendes, mit Färbemittel gesättigtes Wasser getaucht und eine Stunde gekocht. Die Matte wird anschließend entrollt und zum Trocknen gelegt, bis die Zeichnung sich an den Öffnungen des »stencils« zeigt. Matten, bei denen das Muster deutlich umrissen ist, sind am höchsten geschätzt. Viele dieser Matten werden auf Bestellung ausgeführt, vor allem für Hochzeitsfeste. Die übrigen kommen ins Lager, um gegen Lebensmittel getauscht und manchmal für Geld verkauft zu werden. Auch bei den Zeremonien zur Initiation der jungen Männer werden die Matten ausgestellt und bieten einen Anlaß für die Frauen, ihre Arbeiten zu vergleichen, sich Anregungen zu holen oder zu tauschen.

Eine Liebesgeschichte über das Weben von Matten.

Vor langer Zeit lebte im Süden von Raga, so erzählt Charlotte Wèi, *ein grausamer König namens Tetpa. Er führte dauernd Krieg gegen alle, die dort lebten, plünderte ihre Vorräte und raubte ihnen Frauen und Kinder. Nach einem Beutezug beim Apma-Volk hatte er als Gefangene eine schöne Frau mit dem Namen Matanwip mitgebracht. Sie hieß so, weil sie eine besondere Gabe für das Flechten von Matten hatte. Der König Tetpa hütete sie eifersüchtig und keiner durfte sich ihr nähern. Trotzdem ging sie jeden Tag zum Strand, um ihre Pandangfasern zu waschen und in die Sonne zum Trocknen zu legen.*
Auf der anderen Seite des Meers, auf Ambrym, lebte ein junger Mann namens Laba. Jeden Nachmittag sah er gegenüber, auf dem Strand von Raga, das Strahlen der in der Sonne glänzenden Matten. Es weckte seine Neugier. Eines Tages beschloß er, hinzugehen und nachzusehen, woher dieses Licht kam. Als er mit seiner Piroge am Strand in Vasoda anlangte, entdeckte er die Matten und die schöne junge Frau, die sie gerade im Meer wusch, und er verliebte sich auf der Stelle in sie. Er wollte sie in seiner Piroge entführen, aber sie bat ihn zu fliehen, bevor ihr grausamer Gebieter käme und ihn tötete. Laba hörte nicht auf sie. Jeden Morgen überquerte er den Meeresarm mit seiner Piroge, um Matanwip zu treffen, und sie liebten sich in einem Versteck. Aber der König Tetpa wurde mißtrauisch. Eines Tages verbarg er sich hinter einem Busch, um zu spähen, und überraschte Laba, wie er zu Matanwip ging. In wilder Wut griff er zu seiner Lanze und durchstieß, die flehentlichen Bitten Matan-

wips nicht beachtend, das Herz seines Rivalen. Laba hauchte seine Seele in den Armen der Frau aus, die er liebte. Jedoch bevor er starb, vertraute er ihr ein Geheimnis an: »Wenn ich tot bin«, sagte er in seinem letzten Atemzug, »wird eine Liane auf meinem Grab wachsen, mit ihr wirst du die Matten färben, damit mein Andenken immer bleibe.« Seit jenem Tag bedrucken die Frauen von Raga ihre weißen Matten mit Mustern aus dem Blut der Liane Laba und legen sie zum Trocknen auf den Strand, dort, wo Matanwip früher einmal den Mann empfangen hatte, den sie liebte.

KAPITEL VIER

»Blackbirds«

Dem Besucher drängt sich zunächst vor allem der düstere, feindselige Anblick dieser Meeresufer auf: senkrecht in den Ozean fallende schwarze Kliffs, hohe, in den Wolken verborgene Berge. Abgesehen von Efate, wo jede Attraktion eines Touristenziels bis zur Karikatur konzentriert zu sein scheint (Luxushotels und -residenzen für den Honeymoon, Kasinos, Bars, Nachtclubs und zollfreie Läden), herrscht der Eindruck von Verlassenheit und Ödnis vor.

Den ersten europäischen Forschungsreisenden, die sich diesen Küsten näherten, dem Portugiesen Quirós, dem Franzosen Bougainville oder dem Engländer Cook kam es ebenfalls vor, als hätten diese Inseln seit Jahrhunderten in Angst verharrt. Die Reisenden kamen freilich nicht nur mit harmlosen Absichten. Die ersten Kontakte waren brutal. Nach den langen Monaten auf See mußten die Bedürfnisse der Matrosen nach Essen, Süßwasser und Frauen gestillt werden. Jeder Versuch der Einwohner des Archipels, dagegen Widerstand zu leisten, wurde hart bestraft. Wenn sich die Pirogen den Schiffen näherten, erhielten die Mannschaften den Befehl, mit Musketen auf die ersten, die in Reichweite kamen, zu schießen. Eine »Feldschlange«, eine leichte Kanone, löste bei den

Neugierigen dann vollends Panik aus. Sie gaben auf und lieferten den Ankömmlingen alles, was ihre Wut besänftigen konnte.

Offenbar hat es hier die Legende nicht gegeben, nach der übernatürliche Wesen von Osten kommen sollten, um die Melanesier oder Polynesier zu unterwerfen – falls diese Legende bei den amerikanischen Indianern überhaupt echt, und nicht in allen Einzelheiten erfunden war, um die Eroberung auszuschmücken.

Die Leute auf diesen Inseln verstanden sofort, daß sie es mit Menschen zu tun hatten, und lasen deren Überlegenheit an ihren Waffen und Schiffen ab. Nachdem der Weg eröffnet war und immer mehr französische, englische oder spanische Schiffe im Südpazifik anlangten, zogen sich daher die Bewohner der Inseln immer mehr ins Landesinnere zurück. Die Leute, die weiter an der Küste blieben, mußten ihre Dörfer und Ernten zurücklassen, sobald ein Segel am Horizont auftauchte. Bougainville, auch Cook berichteten erstaunt, daß sie Dörfer antrafen, wo das Essen noch warm war und der Herd noch brannte.

Die ersten Forschungsreisen sind auf die Plünderung und systematische Inbesitznahme der Nahrungsmittel angelegt. Man muß diese Reisenden – diese Abenteurer – dafür verurteilen, daß sie mit der ersten Berührung ein System von Raub und Mißbrauch einführten. Einige von ihnen bezahlten es mit ihrem Leben, wenn sie in einen Hinterhalt gerieten, einer Übermacht von Angreifern unterlagen oder sich von der scheinbaren Unterwürfigkeit und resignativen Sanftheit der Melanesier täuschen ließen. Unterschieden sich die europäischen Reisenden von den Menschen, die sie ausplünderten und töteten? Raubzüge gegen die Bewohner der Inseln untereinander gehörten wohl zur gängigen Praxis, um Güter zu beschaffen und Sklaven einzufangen. Der Unterschied lag darin, daß die anderen nicht mit dem Vorwand kamen, Moral und Zivilisation bringen zu wollen, und der rituelle Krieg in seinem Verlauf bestimmt weniger mörderisch war. Außerdem brachten sie nicht die tödliche Waffe der Epidemien.

Seit dem Beginn des 20. Jahrhunderts ist in Zahlen zu lesen, was die »Forschungsexpeditionen« der Europäer und Nordamerikaner im Pazifik an Menschenleben gekostet haben. In *Savage Civilization* stellt Tom Harrisson eine einfache Rechnung über den Niedergang der Bevölkerung auf den Neuen Hebriden in etwas mehr als einem Jahrhundert auf:

1800	die Bevölkerung wird auf etwa 1 Million geschätzt
1882	600 000 (nach Speiser)
1883	250 000 (nach Thomas)
1892	unter 100 000 (Colonial Office, London)
1911	65 000 (offizielle Zählung der britischen Regierung)
1920	59 000 (ebenso)
1935	45 000 (ebenso)

Verantwortlich für die Entvölkerung waren nach Harrisson hauptsächlich »Mumps, Grippe, Cholera – die Epidemie von 1836 – Pocken, Tuberkulose, Keuchhusten, Scharlach, Hirnhautentzündung, Diphtherie, auch in ihrer Bedeutung etwa in dieser Reihenfolge.«

Zu den Gründen für die Entvölkerung der Neuen Hebriden, und dieser bildet zweifellos auch die Ursache für das Gefühl der Verlassenheit, die sie noch heute ausstrahlen, gehört das System von Zwangsarbeit, das von den französischen und englischen Kolonisatoren unter dem Namen *Blackbirding* eingeführt und in den Mutterländern verkannt wurde. Es begründete die schwarze Legende um die Eroberung des Pazifiks. Zwischen 1850 und 1903, als die australische Gesetzgebung dem ein für alle mal ein Ende setzte, fand auf den Archipelen, besonders in Vanuatu, ein Handel mit Arbeitskräften statt, die unter Anwendung von Gewalt ausgehoben wurden, und bei dem es sich schlicht um Sklaverei handelte.

Blackbirds, Amseln, der Name ist bezeichnend. Im australischen Busch hatten die Siedler den Aborigines diesen Spottnamen gegeben, wenn sie Expeditionen zur Menschenjagd veranstalteten, um die Langeweile ihres Lebens an den Antipoden auszufüllen. Das gleiche trieben die Südafrikaner mit den Buschmännern.

Ein Politiker aus Sydney, Robert Towne, kam als erster auf die Idee einer massiven Einfuhr von Arbeitskräften – die Aborigines waren dezimiert worden, außerdem neigten sie dazu, von den Plantagen zu fliehen und zu Fuß nach Hause zurückzukehren. Der erste offizielle *Blackbirder* war 1847 der Australier Benjamin Boyd, doch sollten ihm bald viele andere von allen Nationalitäten folgen. Die Konjunktur war günstig. Nachdem das Sandelholz der Wälder ausgerottet, die Meeresschildkröten und die Seegurken ausgefischt waren, fanden die Unternehmer und Reeder eine neue Betätigung im An- und Verkauf der dort lebenden Menschen. Seit 1830 war der Sklavenhandel in England und den meisten zivilisierten Staaten verboten – in Frankreich seit 1848. Englische Patrouillen überwachten den Südpazifik, um Sklavenhändler aufzugreifen.

Dennoch erlebte das *Blackbirding* seinen Aufschwung zu dem Zeitpunkt, als das Ende des Sezessionskriegs den Sklavenhandel mit Afrika unterband. Das abscheuliche Geschäft umging einfach die gesetzlichen Bestimmungen.

Paradoxerweise war es also die Kampagne für die Abschaffung der Sklavenwirtschaft in den Vereinigten Staaten und der Bürgerkrieg, die den Menschenhandel im Pazifik in Gang brachten. Der Baumwollpreis hatte sich nach dem Niedergang der Plantagen in den Sklavenhalterstaaten des Südens der USA verzehnfacht, und die Australier nutzten ihre Chance, die Faser in den tropischen Teilen ihres Kontinents, in Queensland in der Gegend von Brisbane anzubauen.

Offiziell geschah die Anwerbung der Arbeitskräfte völlig legal. Jeder »Kontraktarbeiter« unterschrieb einen Vertrag, der ihm zehn Shilling monatlich und die Garantie einer Rückführung nach zwölf Monaten Arbeit diktierte.

Doch die Realität sah ganz anders aus. Die *Blackbirders* hatten auf ihren Schiffen eine Miliz von Fidjis oder Samoanern, die mit Säbeln und Gewehren bewaffnet waren und die Rekrutierung durchführten. Die Einwohner der Neuen Hebriden, der Salomon- und Gilbert-Inseln wurden mit der Verteilung von Geschenken an Bord gelockt und anschließend verschleppt, um auf die Baumwoll- oder Zuckerrohrplantagen in Queensland, den Fidjis oder in die Nickelminen der französischen Besitzung Neu-Kaledonien verkauft zu werden. Der Lohn wurde selten bezahlt, oder er reichte den Arbeitern kaum, um ihre Lebensmittel in den Läden der Kompanie zu kaufen. Die Klausel mit der Rückführung wurde zumeist einfach ignoriert. In den Fällen, wo sie doch stattfand, hatten die Schiffskapitäne Anweisung, die melanesischen Arbeiter auf der nächstbesten Insel abzusetzen. Dies bedeutete für sie den sicheren Tod, oder aber, umgehend an das nächste Sklavenschiff weiterverkauft zu werden.*

Der Sklavenhandel neuen Stils, der von den französischen und englischen Kolonialbehörden mit schuldhafter Gleichgültigkeit betrachtet wurde, brachte Grausamkeiten hervor, die vergleichbar sind mit allem, was einst von den Sklavenhändlern in Diensten der *Compagnie des Indes* verbrochen worden war.

Um immer mehr Arbeitskräfte zu gewinnen, unternahmen die Schiffe an den Küsten der Neuen Hebriden richtiggehende Razzien. In Malekulo, Espiritu Santo, auf Pentecost, in Ambae waren von den *Blackbirders* verschuldete Vorfälle der Anlaß für brutale Repressionsmaßnahmen der Kolonialbehörden. 1878 und 1880 wurden die Dörfer von Bord der Kriegsschiffe in Brand geschossen und bombardiert. Auf Verlangen der britischen Regierung sollte eine Untersuchungskommission in Neu-Kaledonien zusammentreten, um die Verantwortlichen für diese Übergriffe zu ermitteln. Aber mit Wissen der französischen Behörden wurden die Angeklagten aus dem Gefängnis geholt und durften die Kolonie verlassen, ohne

* Das Argument des Vertrags, der von den rekrutierten Arbeitern unterschrieben wird, ist nicht neu. Schon Voltaire zitiert in seinen Schriften gegen die Sklaverei Grotius, für den sich die Sklaverei als Vertrag zwischen dem Sklaven und seinem Herrn rechtfertigte. »Man zeige mir einen einzigen Vertrag, dann glaube ich es!«

daß das Verfahren stattfand. Auf Espiritu Santo bombardierte das britische Kriegsschiff *Rosario* die Dörfer, und die Marinefüsiliere erschossen die Schweine und zerstörten die Felder der Bewohner, um einen Aufstand gegen die *Blackbirder*-Schiffe *Emily* und *Clara* zu vergelten. Auf Ambrym führte das Kriegsschiff *Albatross* blindwütig eine Strafaktion gegen die Dörfer durch, nachdem englische Siedler getötet worden waren. 1880 brach in Epi (im Norden der Insel Efate), als Folge eines Kidnappings durch einen französisch-britischen *Blackbirder* eine Revolte aus, auch sie wurde vom Kriegsschiff *Stanley* umgehend im Blut ertränkt, die Dörfer wurden bombardiert und die Pflanzungen niedergebrannt.

Die Anführer der *Blackbird*-Expeditionen seien der »Bodensatz der weißen Rasse«, schreibt Harrisson. Skrupellose Abenteurer im Stil der Piraten früherer Jahrhunderte, wie etwa Carl Santini, der »Captain One Eye«, der mit seinem Glasauge spielte, um die Melanesier zu erschrecken, oder Proctor, der das gleiche mit seinem Holzbein anstellte. Weniger pittoresk, aber ebenso finster, arbeiteten Händler wie Murray auf dem Schiff *Carl* mit den gleichen Methoden wie die Menschenhändler vor den afrikanischen Küsten. Die meisten dieser Verbrechen entgingen der kolonialen Gerichtsbarkeit. Zeugenaussagen von Melanesiern galten vor britischen Gerichtshöfen als nicht verwertbar, ähnlich wie zuvor die der Schwarzafrikaner. Einige Prozesse konnten dennoch die Öffentlichkeit aufrühren, etwa das Massaker an einer Gruppe Melanesier auf der Insel Paama, die von Bord des Sklavenschiffs *The Young Australians* geflohen waren, das sie auf die Fidjis bringen sollte. Oder das Massaker an Männern, die an Bord der *Hopeful* entführt worden waren: Hier fand die Zeugenaussage eines Überlebenden, der kurz zuvor zum Christentum übergetreten war, immerhin vor dem Gericht in Sydney Gehör. Der Mann berichtete, wie sie den Häuptling des Dorfs mit einem Enterhaken auf der Brücke des Schiffs erschlagen und danach die meisten der Aufständischen im Schiffsbauch erschossen hatten, indem sie durch die

Luken feuerten. Doch einmal mehr verhalf der Prozeß den Opfern nicht zu ihrem Recht und sprach die Beschuldigten frei. Jedoch der Bericht des Zeugen des Massakers begann außerhalb des geschlossenen Zirkels von Melanesien den grausamen Ruf der *Blackbirders* zu verbreiten. Der britische Kommandeur Clement Markham wurde von England beauftragt, das Los der »Kontraktarbeiter« zu untersuchen und sprach danach von »unerhörten Greueln, die im Handel mit Arbeitskräften üblich sind, der in Wahrheit ein organisiertes System von Kidnapping ist.«*

Der Gipfel des Schreckens war nach Meinung der Öffentlichkeit erreicht, als 1872 der Bischof Patterson während seines Besuchs auf Ambae ermordet wurde, da sich ein *Blackbirder* als Mönch verkleidet auf die Insel begeben hatte, um Entführungen vorzunehmen. Diese Ereignisse bewegten Queen Victoria, und noch im gleichen Jahr wurde in London der *Kidnapping Act* verabschiedet, der die *Blackbirder* zu Gesetzlosen erklärte. Aber der abscheuliche Handel florierte dennoch weiter, und es mußte 1903 erst in Sydney der *Pacific Islands Labourer Act* verabschiedet werden, um dem System ein Ende zu setzen – und auch dies weniger aus humanitären Gründen, sondern weil bei den australischen Grundbesitzern allmählich Furcht aufkam, da die schwarze Bevölkerung in der Kolonie sie an Zahl übertraf.

Obwohl das *Blackbirding* lange Zeit ignoriert oder in der Kolonialgeschichte des Pazifik nur als Nebensache betrachtet wurde, hat die Praxis zur Entvölkerung des Archipels der Neuen Hebriden beigetragen. Nach Angaben von Joël Bonnemaison** führte Queensland zwischen 1863 und 1904 (dem letzten Jahr des Handels)

---

* A. H. Markham: *The cruise of the Rosario amongst the New Hebrides and Santa Cruz Islands, exposing the recent atrocities connected with the kidnapping of natives in the South Seas.* London (S. u. M. Low and Searle) 1873. Zitiert in: Charlène Gourguechon: *L'Archipel des Tabous.* Paris (Laffont) 1974; Zitat übersetzt nach dem französischen Original; d. Ü.

** *L'Arbre et la Pirogue,* Paris (ORSTOM) 1986.

60819 Kanaken* ein, von denen mindestens die Hälfte von den Salomonen oder Vanuatu stammten. Die Zuckerrohrpflanzer auf den Fidjis importierten in der gleichen Zeit 20000 und die Bergwerke in Neu-Kaledonien noch einmal so viele. Eine große Anzahl Melanesier wurde auch in die deutsche Kolonie Samoa geschickt. Insgesamt hatte die zweite Hälfte des 19. Jahrhunderts über 100000 Melanesier, Männer und Frauen, ihrer Heimat entrissen und die Mehrheit kehrte nie mehr dorthin zurück. Dieses Ausbluten ist heute noch spürbar, mehr als hundert Jahre danach. Der Eindruck von Angst, der über diesen Ufern liegt, die Isolation der auf den Berghängen thronenden Dörfer sprechen noch von der schlimmen Zeit, als das Auftauchen eines Segels am Horizont bei den Einwohnern Angst und Schrecken auslöste.

Auch wenn man die Berichte der Ethnographen aus der ersten Hälfte des 20. Jahrhunderts liest, ist eben dies auffällig: die Abschottung der Überlebenden, ihre hartnäckige Ablehnung der westlichen Gesellschaft, die Feindseligkeit gegenüber allen Versuchen der Kolonisierung und der Einführung neuer Technologien, etwa gegen den Anbau von Kakao und Kaffee, gegen Fabriken zur Verarbeitung von Kopra oder auch nur gegen Straßen und Katasterpläne. Die zeitweise Rückkehr zu ihren uralten Werten, die immer wieder zu Aufständen führten und schließlich zur Unabhängigkeit. Nicht, weil die Melanesier ihre Kultur für überlegen hielten, sondern weil jeder Austausch mit den Fremden nach ihrer Überzeugung von Lüge und Betrügerei begleitet war.

Ich gehe am Strand der Bucht von Homo, auf Pangi, entlang.

Es ist vielleicht eine der schönsten Landschaften auf der Welt.

Eine riesengroße, kaum gekrümmte Bucht. Sie reicht vom Felshaufen, der hier netterweise *Cook's Hat* heißt, bis zur Rambutor-

* Der Ausdruck Kanaken wurde inzwischen von den Einwohnern der Inseln als Name angenommen, nachdem er von den Kolonialmächten zunächst diskriminierend gebraucht wurde; s. dazu Valjavec, Anm. d. Ü.

Spitze im Süden – und wenn man ihn sieht, kann man sich gut die auffällige Bedeckung auf dem Kopf des Entdeckers vorstellen. Ein kleiner Wolkenhaufen am Horizont zeigt Ambae an, und ihr entgegengesetzt am Horizont, Malekulo. Ganz am anderen Ende der Bucht die bläulichen Formen der Vulkane von Ambrym.

Das Meer ist von einem klaren Blau, im Gegensatz zu dem Türkis der Lagunen, das den Touristen so gut gefällt, ein dunkles, gewaltiges, tiefes Blau. Auf Pentecost gibt es keine Korallenbarriere. Die Insel ist eine einzige, aus den Abgründen emporgeschossene Vulkankette, sie besitzt etwas von der Erhabenheit der Anfänge, als sich nach Jahrmillionen der Stürme und des Regens dieser Ozean bildete, indem ganz einfach der Himmel auf die Erde stürzte und die Täler ertränkte, wo noch das Magma heraustrat.

Die letzte geologische Katastrophe ereignete sich vor etwa vierhundert Jahren, als nach einem Vulkanausbruch die zentrale Insel des Archipels auseinanderbrach und alle mit in die Tiefe riß, die auf ihr lebten. Am Ort des Bebens ist heute nur eine Handvoll Inselchen übrig, die Shepherd Islands, benannt nach einem der Offiziere von Cook. Eine von ihnen ist die mysteriöse Insel Tongoa, auf der Basaltstelen den Platz symbolisieren, die jeder Mann und jede Frau auf der Ur-Piroge eingenommen hatten.

Ich gehe auf dem Strand von Kieseln (eine Mischung aus Korallen- und Lavaresten) entlang der düsteren Linie der Bäume, Tournefortia- und Katappenbäume, wie auf Mauritius, und dahinter die riesigen Banianbäume.

Kleine Segler, aus Neuseeland und Australien herübergekommen, und weiter draußen, an ihrem Ankerplatz, die prachtvolle *Boudeuse*, auf der ich einen Teil der Route gefahren bin. Überall sonst auf der Welt würden die fremden Schiffe eine Menge Schaulustige anlocken, Kleinhändler mit Früchten oder Folkloretand auf ihren Auslegerbooten. Hier herrscht höfliches Schweigen, eine Gleichgültigkeit, bei der ich auch Feindseligkeit vermute. Nur ein paar Kinder spielen am Strand mit den Katappen. Im Schatten der Banianbäume schauen zwei, drei Alte wortlos zu.

Als ich den Häuptling Willie darauf hinweise (Willie Orion Bebé, der traditionelle Häuptling von Pangi, Besitzer des einzigen Hotels mit Bungalows am Strand, das Besucher in der Saison für den Gol-Sprung aufnimmt), erzählt er mir folgende seltsame Geschichte, die auf das Konto der *Blackbirder* geht:

»Genau an dieser Stelle« – er zeigt auf den Landungssteg aus Stahlbeton, der eigens gebaut wurde, um Königin Elisabeth II. zu ihrer einzigen Visite in Vanuatu, bei der Unabhängigkeit, zu empfangen – »ist etwas geschehen, das hier keiner vergessen hat. Es war zur Zeit meines Urgroßvaters, wir waren damals noch keine Christen und lebten in Bunlap gemäß unserer Sitte.«

Der Häuptling Willie ist ein Mann um die Fünfzig, er hat mehrere Leben geführt, bevor er Geschäftsmann wurde – er besitzt eine Import-Export-Firma und das Hotel an der Bucht von Homo. Sein Name, so hat er mir erklärt, rührt daher, daß er zum Clan der Haie gehört (Bé in der Sa-Sprache). Im Süden der Insel geht das Gerücht, er sei der gefährlichste Hai der Bucht von Homo, weshalb sich diese Fische nur selten hineinwagen. Aber er ist intelligent und sympathisch, und wir kommen glänzend miteinander aus.

Er war etwa zwanzig Jahre alt, als die Königin mit Prinz Philipp von ihrer Jacht in der Bucht von Homo an Land ging, auf dem Landungssteg, der noch heute zu sehen ist. Der Strand, die ganze Küste war schwarz vor Menschen. Die Einwohner von Pentecost, Ambrym und den anderen Inseln waren gekommen, um das königliche Paar zu sehen. Die englische Presse hat bestimmt lang und breit über die Begeisterung der Eingeborenen wegen des Besuchs ihres Oberhauptes geschrieben. Die Geschichte, die mir Willie jetzt erzählt, liefert eine ganz andere Begründung für den Eifer.

»Genau hier, vor dem Strand«, fährt Willie fort, »war früher ein Fischerdorf, das inzwischen verschwunden ist. Eines Tages sahen die Leute im Dorf ein großes Segel am Horizont, es war ein riesiges schwarzes Schiff mit sehr hohen Masten, noch größer als das Schiff, auf dem du gereist bist. Im Dorf hatten sie alle Angst, denn wir wußten schon, daß die Weißen, die mit diesem Schiff kamen, böse waren, daß sie alles raubten und plünderten, Männer und Frauen entführten, um sie in weiter Ferne zu verkaufen.

Daher sind sie in die Berge geflohen und haben sich im Dschungel versteckt, bis das Schiff wieder wegfuhr. Aber sie hatten am Strand vor dem Dorf ein Kind vergessen, ein kleines elfjähriges Mädchen, das Veveo hieß, wie die Palme, mit der die Frauen ihre Matten flechten. Sie blieb dort, rührte sich nicht, schaute, wie die Männer in ihren Barken ankamen, sie wußte nicht, daß sie gefährlich waren. Als die Fremden an Land waren, taten sie, was sie immer taten, sie luden Schweine, Hühner und die Taro- und Yamswurzeln ein, und dann steckten sie das Dorf in Brand, aus Wut darüber, daß sie umsonst gekommen waren. Die kleine Veveo wurde ihre Gefangene, sie nahmen sie auf ihr großes Schiff, da mochte sie lange schreien und flehen, sie nahmen sie trotzdem mit und ihre Eltern sahen sie nie wieder.«

Er hält inne, schaut zum Horizont, als hätte, was er erzählt, sich erst gestern zugetragen, als hätte er es mit eigenen Augen gesehen. In der Ferne, in der Mitte der Bucht, dreht sich das große schwarze Schiff, auf dem ich gekommen bin, langsam ohne Antrieb, und es kommt mir vor, als hielte Willie einen Moment lang das Schiff für jenes aus der Legende, das zurückgekehrt ist.

Die Melanesier lieben ihre Kinder sehr. Häuptling Willie hat mehrere Söhne, einer von ihnen beteiligt sich jedes Jahr am Gol-Sprung. Aber am liebsten sind ihm die beiden jüngsten Töchter, Nelly und Daisy, sechzehn und fünfzehn Jahre alt, um die Gesundheit der Letztgenannten macht er sich Sorgen. Für ihn wie für alle Leute auf Raga gibt es nichts Schlimmeres als die Entführung eines Kindes. Auf dem leeren Strand begreife ich plötzlich das Gefühl der Angst, das noch über der Landschaft liegt, in der sich diese dramatische Szene zugetragen hat. Es muß eine ähnliche Angst sein, die die Einwohner der Küsten des Senegal häufig empfinden, wo einst die Sklavenhändler ihr Unwesen trieben. Das gleiche Gefühl liegt noch heute über der Bucht von Rivière Noire auf Mauritius, wo die Sklavenschiffe heimlich ihre Ladung Gefangener an Land brachten.

»Niemand wußte, was aus Veveo geworden war. Es wird erzählt, das Schiff habe sie in weite Ferne gebracht, in ein Land, das Kwinsala (Queensland) heißt. Es wird erzählt, sie sei bei der Ankunft krank gewesen, und da sie mit ihr nichts anzufangen wußten, hätten sie sie einem alten schwarzen Mann gegeben, der auf den Plantagen arbeitete, und sie wurde seine Sklavin. Die Leute vom Dorf haben hier weiter auf sie gewartet. Jeden Tag hielten ihre Mutter und ihr Bruder Ausschau, ob sie zurückkäme. Sie warteten auf die Rückkehr des großen schwarzen Schiffs. Dann sind sie gestorben, und ihre Kinder hörten auf zu warten. Aber sie wußten, eines Tages würde Veveo zurückkehren, die Weißen würden das Kind zurückbringen, das sie gestohlen hatten.«

Die Mole, die zum Empfang von Queen Elizabeth gebaut wurde, ist stark beschädigt. Der vom Meer zernagte Beton zeigt die rostigen Stahlträger. Die Stufen sind von den Stürmen zerbrochen. Keiner repariert den Steg und es besteht kein Zweifel, in ein paar Jahren wird er ganz verschwunden sein. Willie nimmt den Faden seiner Erzählung wieder auf:

»Als die Leute von hier erfuhren, daß die Königin kommen sollte, haben sie auf sie gewartet. Sie wußten davon, schon bevor es die Regierung ankündigte. Einer hatte es geträumt, das mußte sich erfüllen, die Königin würde hierherkommen und das Land an derselben Stelle betreten, von der Veveo entführt worden war. Nicht das Kind käme zurück, aber die Königin würde den Leuten von hier zu ihrem Recht verhelfen. Denn sie würde ihren Mann mitbringen, den Prinzgemahl, und er sollte die Stelle von Veveo einnehmen.

Deshalb haben die Leute sie beklatscht, als sie ausstieg. Aber ihre Hoffnung wurde enttäuscht, denn sie nahm den Prinz wieder mit, und ihrem Recht wurde nicht entsprochen.«

Ein Prinz von Geblüt gegen eine kleine Melanesierin, nach all den Jahren wäre der Austausch gerecht gewesen. Natürlich haben die Engländer nichts davon mitbekommen. Stattdessen organisierten ahnungslose Leute der Königin zu Gefallen einen Gol-Sprung für ihr Gefolge, im Süden der Insel in Point Cross, an einem Ort, wo das nicht Brauch war. Auch war die Jahreszeit nicht günstig, die Lianen waren zu trocken und rissen, der Springer brach sich das Rückgrat. Haben die Königin und der Prinz davon erfahren? Willie schüttelt brummelnd den Kopf:

»Sie sagten, die Lianen seien schuld. Das ist nicht wahr. Der Geist des Gol war nicht dabei. Ohne den Geist kann niemand von einem Turm herunterspringen und mit dem Leben davonkommen.«

Auf Ambryn, auf Tanna warteten die Melanesier ebenfalls auf Prinz Philipp. Mit dem spontanen Einfallsreichtum der Völker, die ihre Mythen leben, hatten sie ihn in ihren Kult um den Befreiungshelden John Frum einbezogen, der kommen und alle Fremden hinwegfegen und die Bewohner ihren uralten Traditionen wieder zuführen sollte. Rührige Anthropologen und Filmemacher auf der Suche nach Sensationen haben daraus den berühmten »Cargo-Kult« gemacht, in dem der Prinz eines Tages alle Geheimnisse eröffnen wird, die Reichtum bringen. Die Wahrheit ist in ihrer Einfachheit komplexer. Veveo, das auf dem schwarzen Strand von Pangi entführte Kind, würde eines Tages zurückkehren und damit begänne das Goldene Zeitalter, es sollte die Uhren zurückstellen auf die Stunde Eins und mit einem Schlag die Jahrhunderte der Erniedrigung und Armut wegwischen.

KAPITEL FÜNF

Taro, Yams, Kava

Auf Raga herrscht die Magie der Pflanzen. Wie viele vulkanische Inseln, wie Tahiti, Martinique, Mauritius, La Réunion, ist Raga vor allem ein Land der Pflanzen.

Matantaré, Matansesé, Tabitan und Matanwip haben nach wochenlanger Fahrt übers Meer auf ihrem Auslegerboot endlich Land erreicht.

Sie waren aufgebrochen, um nie mehr zurückzukehren.

Dort, auf Grande Terre, von wo sie geflohen waren, hatte der Krieg alles zerstört. Die Kinder und die Alten starben in den Dörfern langsam vor sich hin wie welkende Blumen. Es starben so viele, daß man sich nicht einmal mehr die Mühe machte, sie zu begraben. Ihre Leichen wurden von den Hunden und Wildschweinen gefressen. Ihre Knochen von den Ameisen weißgenagt.

Die Insel ist eine hohe Mauer aus schwarzem Fels, die den Horizont verdeckt. In der Dämmerung verschwinden die Gipfel im Dunst. Auf den Kieselstränden schneiden die Bäume Grimassen. In den Banianbäumen hausen Dämonen.

Die Gruppe der Reisenden hat am Strand übernachtet. Er bildet eine große offene Bucht mit grauen Kieseln, die in einer Plattform aus Korallen endet. Vor der Nacht sind Matantaré und die Frauen mit ihren Harpunen aus Eisenholz in den seichten Stellen Fischen gegangen. Sie haben einige Herzmuscheln, Tintenfische und Seegurken mitgebracht und sie auf im Holzfeuer erhitzten Steinen gebraten. Schließlich ist die Nacht hereingebrochen, eine Nacht ohne Mond, still, nur mit dem Geräusch der Brandung und des leichten Regens, der auf die Palmen trommelt.

Aber nach all den Tagen auf dem Meer ist Matantaré, ihre Tochter an die Brust gepreßt, sofort eingeschlafen. Keiner hält Wache. Unter den schlafenden Reisenden bewegt sich die Insel wie ein großes Meerestier, langsam, schaukelnd, sich in den Hüften wiegend.

Im Morgengrauen brachen die Männer auf zur Suche nach ihrem Land. An den steil aufragenden Felshängen gab es ein paar Ebenheiten, von den Lavaflüssen geformte Balkons. Der Bach rauscht ganz in der Nähe. Vor der Rodung mußte Tabitan den Geist der Vorfahren bitten, daß sie den Lebenden das Recht einräumten, sich hier niederzulassen, die Erde aufzugraben, Samen hineinzulegen. Die Geister sind überall in den Bergen. Sie wohnen im Innern der Grotten, aber sie sind auch in den Stämmen der großen Bäume, in den Blättern der Pflanzen, im Wasser des Baches. Sie leben auch im Meer, sie nehmen Besitz vom Leib der Aale oder der Flügelschnecken.

Männer, Frauen und Kinder haben die steinigen Hänge bearbeitet. Sie haben Bäume entwurzelt, Terrassen angelegt, Steine herausgelesen, Kanäle gezogen und die Feuer angezündet, die den Boden zum Schluß noch säubern. Dann haben sie die magischen Steine eingegraben, die sie von der Insel ihrer Geburt mitgebracht haben, die Yamssteine, die roten Steine für den Taro, die Kerne der Kalebasse, des Turbankürbisses. Oben auf der Höhe, auf einer Lichtung, haben sie den ersten Brotfruchtbaum gesetzt. In einem Obstgarten haben sie den Jackbaum, den Flaschenbaum, den Jamun-Baum und den Orangenbaum gepflanzt. Sie haben Samen für Litchis, Straucherbsen und Pfefferschoten gesät.

Auf einer Hochfläche, von der man das Meer sieht, haben sie ihre Häuser gebaut. Es sind Hütten aus Ästen mit Dächern aus Blättern. Das Männerhaus ist groß und schön, mit seinem langen Raum, in dem der Schatten am Tag kühl und in der Nacht warm ist. Die nackten Füße der Frauen haben den Boden des Tanzplatzes geebnet. Auf den Hauptpfeilern des *kamal* haben die Männer die Kiefer von Schweinen aufgehängt, die sie auf ihrer Reise in einer Matte eingerollt mitgeführt haben. Die rundgewachsenen Zähne sind ein Bild für die Zeit, für die Stammlinien, die nicht verlöschen.

Nachdem sie das alles hinter sich gebracht haben, gehört das Land ihnen. Nicht als ob sie es für die Ewigkeit besäßen, sondern um davon zu leben und es zu genießen. Dieses Land ist ihnen von den Geistern der Vorfahren geschenkt worden, damit sie ihre Geschichte fortsetzen. Es ist ein lebendiges Wesen, das sich bewegt und mit ihnen hinlegt, eine Haut, über die Schauer und Wünsche laufen.

Vielleicht erinnern sie sich noch zurück, während dieser ersten Nächte auf Raga. Vielleicht erzählen sie sich noch während der ersten Jahre, als ihr Herd in dieser Erde noch nicht so tief verwurzelt ist und der Geist des Todes sie noch aufs Meer hinaustragen kann, die Geschichte ihrer Genesis, den Ursprungsmythos, wie die ersten Menschen auf der Erde erschienen sind. Es ist ein Märchen, ein Traum, noch ganz nah, und Matankabis spitzt die Ohren, reißt ihre Kinderaugen weit auf, und später wird sie es ihren eigenen Kindern erzählen:

Im Anfang gab es keine Männer und keine Frauen. Die Bewohner der Inseln waren Steine. Damals kannten die Steinmenschen keine Frauen. Sie kannten auch nicht den Geschmack gekochten Essens. Die Steinmenschen ernährten sich nur von rohen Wurzeln, die kalt waren wie sie.
Unter den Steinmenschen lebte ein junger Bursche namens Kooman, er wohnte im Haus seiner Mutter. Eines Tages traf er beim Jagen eine sehr schöne Frau, sie hieß Penóa. Er lud sie ein zu seiner Mutter, aber Penóa mochte die rohen Wurzeln nicht, die er ihr gab. Sie ging fort ins Meer, aber zuvor versprach sie, mit der Nahrung zurückzukehren, die auf der anderen Seite des Meers die echten Menschen aßen. Sie hielt ihr Versprechen und kehrte mit all den Nahrungsmitteln zurück, dem Yams, dem Taro, Bananen und sogar Wild. Sie kochte das Essen unter einer Schicht Erde, nachdem sie ein Feuer angezündet hatte, indem sie zwei Stöckchen aneinanderrieb. Im Haus von Kooman wollten alle von dem Essen kosten und fanden es sehr schmackhaft. Da heirateten Kooman und Penóa und einige Zeit später wurde ihre erste Tochter geboren, sie hieß Nemei. Und alle lebten im Überfluß. Aber eines Tages, als Kooman und Penóa auf die Felder gegangen waren, schlug die Großmutter Nemei, weil sie auf ihren Rock genäßt hatte. Von dem Feld, wo sie arbeitete, hörte Penóa ihre Tochter weinen, und sie wurde wütend gegen die Steinmenschen. Sie sagte, sie könne nicht bei ihnen bleiben, und sie wolle mit ihrer Tochter wieder auf die andere Seite des Meers gehen. Das tat sie auch, sie tauchte ins Meer, mit dem Kind auf dem Arm, und verschwand für immer. Da ging das Feuer aus und die Steinmenschen lebten wieder wie zuvor und aßen kalt.

*Lange Jahre später tauchte Nemei jedoch wieder auf. Sie kam aus dem Meer und lebte bei ihrem Vater und heiratete einen der Kooman-Söhne. So begann die Stammlinie der Menschen, die zugleich dem Land und dem Meer angehören, und die gelernt haben, Feuer anzuzünden und Nahrung zu essen, die auf heißen Steinen gekocht wird.**

Heute ist Raga ein Garten. Wer übers Meer oder aus der Luft hier anlangt, glaubt auf einer wilden Insel zu landen, wie auf einem einsamen, vom Menschen unberührten Paradies. Er sieht keine Felder, und die Pflanzungen mit Kokospalmen entlang der Küste sind lediglich Reste der Kolonisation. Sie sind von Unkraut überwuchert und zumeist aufgegeben. Doch tragen sie noch die Namen der Großgrundbesitzer, die zu Beginn des 20. Jahrhunderts herkamen: Der Besitz von Kapitän Martelli im Süden der Insel, die Konzession Combet in Pangi, die Konzession Champignon-Thévenin, die Domäne Mission in Baie-Barrier oder in Melsissi. Zwischen Pangi und dem Flughafen durchfährt man die riesige Konzession der *Société française des Nouvelles-Hébrides*, dort versuchte man den Kaffeebaum einzuführen und Viehzuchtbetriebe aufzubauen wie in Neu-Kaledonien.

Die Unabhängigkeit hat den großen Besitzungen ein Ende bereitet. Die Bewohner von Pentecost sind nach dem Weggang der Siedler wieder zu ihrer traditionellen Wirtschaftsweise zurückgekehrt, bei der das Land kein Besitz ist, sondern eher auf eine mystische Vereinbarung zwischen den Menschen, die am Ort leben, und den Geistern der Vorfahren zurückgeht.

Häuptling Willie berichtete mir von Siedlern, die vor ihrem Weggang die Leute von Pangi zwangen, Dornen und Unkraut in den Pflanzungen auszusäen, um sie unbrauchbar zu machen.

---

* Nach Joël Bonnemaison: *L'Arbre et la Pirogue. a. a. O.*

Was von ihnen übrig ist, weit zerstreut, unordentlich, verbreitet den Eindruck einer Natur, die zum Urzustand zurückgekehrt ist. Wenn man jedoch zu Fuß ins Innere aufbricht, in die Berge hinaufsteigt oder den Gewässern am Grund der Schluchten folgt, fallen einem die vielen Nutzpflanzen auf. Der Dschungel ist durchzogen von kaum sichtbaren, schmalen Pfaden, an deren Ende jeweils ein verborgener Garten liegt. Auf einer Lichtung oder an der Flanke eines Hügels, hängend wie ein Balkon. Sie sind verschwiegen wie die Dörfer, die von der Küste unsichtbar, in den Falten der Berge verborgen sind. Da sind Gärten mit Taro, für die die Melanesier seit Jahrtausenden Bewässerungstechniken entwickelt haben, Rinnen, Reservoirs, Kanäle. Gärten mit Yams auf Stellen mit Roterde. Palmengärten, die Öl und Sago liefern. Gärten mit Maniok. Obstgärten, in denen Mango-, Guaven- und Orangenbäume wachsen. Überall, auf Schritt und Tritt, findet man unter hohen Bäumen oder im Gebüsch Blumenrabatten, Duftpflanzen, Heilpflanzenbeete.

Es sind keine französischen oder englischen Gärten, sie sind unregelmäßig, vermischt, nach einem Plan angelegt, der eher der Magie als einer logischen Ordnung gehorcht. Als wären die Hände, die hier säten, dem Verlauf unterirdischer Kraftlinien gefolgt, spirituellen Flüssen, Orten des Ursprungs, den Quellen, Mineralansammlungen, Gräbern, deren Geheimnis nur im Gedächtnis der Männer und Frauen dieses Orts liegen kann.

Obwohl Willie gern an der modernen Welt (mit Telefon und Internet) teilhat, erzählt er mir eine Geschichte, die zeigt, daß er noch mit den Geistern der Erde in Verbindung steht. Als er einmal krank war und unter starken Schmerzen litt, träumte er von einer Pflanze, einer namenlosen Liane, die im Dschungel auf ihn warte. Er brach auf, sie zu suchen, und fand sie an der Stelle, die er im Traum gesehen hatte. Er zerkleinerte sie und stellte damit eine Salbe her, die ihn von seinen Beschwerden heilte. Er spricht von dieser Liane nicht als einem Blatt, als einer Heilpflanze, sondern wie von einem Geschenk, das der Geist der Vorfahren ihm im Dschungel hinterlassen hatte.

So viel zur Landwirtschaft auf Raga. Hat dies etwas mit dem Verfahren zu tun, Kokospalmen in geraden Linien zu pflanzen und die Früchte gegen Geld einzutauschen? Ich stelle mir das Staunen der Bewohner dieser Inseln vor, als sie die methodische Schamlosigkeit der Menschen sahen, die gekommen waren, um sich ihr Land anzueignen.

Für die Melanesier sind Pflanzen lebendige Wesen. An einem gewissen Zeitpunkt ihres Daseins waren sie den Menschen gleichgestellt. Sie sind nicht nur da, um die Menschen zu ernähren und zu heilen, sie sind Teil eines lebendigen Zusammenspiels. Deshalb dürfen sie frei wachsen, vermischt mit Kräutern und Büschen. Als die Siedler aus Rachsucht die Einwohner von Pangi aufforderten, Unkraut oder Dornen mitten in die mit der Schnur gezogenen Pflanzungen zu säen, haben die Melanesier womöglich gedacht, sie sollten einfach die Dinge in ihren Ausgangszustand zurückversetzen. Schlußendlich war das nur gerecht.

Auf den Höhen des Apma-Landes, bei Ilamre, bog ich das Gebüsch zur Seite, und fand, gleich einer Rotte auf einer Lichtung weidenden Wilds, die großen Blätter der Tarowurzel. Sie gaben mir das Gefühl von Frieden, von Zivilisation. Für die Leute von hier ist der Taro weiblich, der Yams männlich. Unten im Boden ist die längliche Form des Yams mit seinen rötlichen Färbungen ein Penis ohne Vorhaut. Der Yams wird auch von Kalksteinen symbolisiert, die die Männer während ihrer ausgedehnten Wanderungen mitnehmen. Sie ähneln den phallischen Steinen, die seit dem Paläolithikum, entweder in den Himmel gereckt oder in der Scheide des Bodens verborgen, in allen Kulturen anzutreffen sind.

Für den Yamsanbau haben die Männer vom Sa-Volk den Gol erfunden, ein seltsames Ritual, das sie in der ganzen Welt bekannt gemacht hat. Einmal im Jahr, nach der Ernte, bevor die Felder wieder eingesät werden, bauen die Männer in den Dörfern einen Turm aus Geäst um einen hohen Baum und beweisen ihre Männlichkeit, indem sie kopfüber, mit ausgebreiteten Armen, wie Flügeln, hinunterspringen, dabei hängen ihre beiden Knöchel an einer elastischen Liane, die an die Spitze des Turms geknüpft ist und ihren Fall anhält, bevor sie am Boden aufschlagen. Die auf diese Weise von der Brust der Männer gepflügte Erde wird neue Wurzeln hervorbringen.*

Ich bin einige Male mit Alan Bebé, Willies Sohn, auf der Straße nach Pangi gegangen. Ein Mann von etwa dreißig Jahren, klein, mit herkuleischen Kräften begabt. Wahrscheinlich ist er der bekannteste Ni-Vanuatu auf der Welt. Sein Foto erscheint auf den Webseiten und den Tourismusbroschüren von Pentecost. Er ist bescheiden, das alles ist ihm sicher bekannt, aber es ist ihm gleichgültig. Er spricht nicht. Er geht schnell, hinter ihm sein Sohn und seine Tochter, von fünf und sieben Jahren, ebenso vergnügt und unbändig, wie Alan ernst ist. Der Geist des Gol ist ständig bei ihm, erklärt mir Willie. Seine krausen Haare wachsen wie ein Plateau oben auf seinem Kopf. Wenn Alan nicht springt, arbeitet er auf den Feldern und fischt ein wenig. Er ist einer der mysteriösesten Männer an der Bucht von Homo.

Die Pflanze, die dem kolonialen Zugriff auf den Inseln, besonders auf Pentecost, entging, ist der Kava (mit wissenschaftlichem Namen *Piper methysticum*). Diese Pflanze ist mit dem Volk der Melanesier, mit seiner Geschichte, seinen Träumen verbunden. Es ist die Pflanze, die Frieden schenkt.

---

* Eine weniger sexistische Legende schreibt die Erfindung des Sprungs einer jungen Frau zu, die von einem Liebhaber allzu aufdringlich verfolgt wird. Um ihm zu entkommen, wählt sie diesen Sprung. Sie bindet sich Lianen an die Knöchel und springt in die Tiefe. Als der Mann sieht, daß sie unverletzt ist, will er es ihr nachtun, ohne sich anzuleinen, und stirbt. Zur Erinnerung an die weibliche List haben die Männer den Gol-Sprung erfunden.

Heute warten Säcke mit zerkleinertem Kava auf den Stränden, in Melsissi, in Pangi. Der Frachter des Ortes wird die Säcke aufladen und nach Port-Vila bringen, von dort werden sie in Kühlcontainern in alle Länder gebracht, wo das Getränk konsumiert wird, in Ozeanien, aber auch in Australien, den USA und sogar in Deutschland.

Im Zentrum von Port-Vila, beim chinesischen Hotel, finden sich die Kava-Bars, langgestreckte Räume, gekühlt von antiken Klimaanlagen, die an Turbopropflieger erinnern. Es herrscht die Düsternis einer Höhle, die nur vom grünen Leuchten der Jukebox und kleinen Lämpchen auf der Theke erleuchtet ist. Man wähnt sich in einer Seemannsbar, als es hier noch amerikanische Marinebasen gab – ohne die Taxi-Girls. Kava braucht offenbar dieses Zwielicht. Vielleicht zur Erinnerung an das Blätterdach des Regenwaldes. Oder wegen des Geistes, der in ihm steckt – aber welche Pflanze enthält keinen Geist? Am Nachmittag ist nicht viel los. Keine Frauen – sie sind nach der Tradition vom Kava-Ritus ausgeschlossen, aber anscheinend wird diese Tradition nur noch in den Bars von Port-Vila aufrechterhalten! Ab der Dämmerung strömen die Leute. Der Kava ist ein Getränk der Nacht. Er betäubt die Schleimhäute, verlangsamt den Körper, aber nicht den Geist. Er versetzt in einen Schwebezustand. Er vermittelt eine Philosophie. Seine bittere Süße, neben dem erdigen Geschmack, umgibt die Außenwelt mit einer gelinde lächerlichen Hülle (zumindest gilt das für mich). Der Kava hat bestimmt viele Kriege oder einfache Haushaltsstreitigkeiten einschlafen lassen. Die moderne Welt könnte ihn gut gebrauchen.

Aber der Kava ist auch mit grausamen Momenten in der Geschichte der Eroberung des Pazifik verbunden. Er wurde sicher auch dazu benutzt, jeden Willen zum Widerstand zu ersticken bei den Menschen, die die *Blackbirders* entführt und zur Zwangsarbeit auf den Plantagen gezwungen hatten.

In Ouvéa* tranken die Aufständischen Kava, als der fatale Angriff auf die Höhle stattfand. Ebenso während der nächtlichen Wachen, vor der Nacht des Massakers an den Geiseln. Kava wurde während der allgemeinen Trauer getrunken, als die Kanaken endlich die Überreste der Ihren beerdigen konnten, die die französische Armee erschossen und in Säcken abtransportiert hatte.

Der Kava ist nicht nur ein Getränk der Ni-Vanuatu. Wie das Coca bei den Indios der Anden ist er die Pflanze, die den Geist des Ortes enthält, er ist ihre Sprache, ihr kollektives Gedächtnis. Eben aus diesem Grund haben ihn wohl die Kolonialregierungen verboten.

Woher der Kava kommt, ist ein Geheimnis. Die Wurzel wird im gesamten Pazifikraum geerntet, von Polynesien bis zu den Sunda-Inseln, von den winzigen Inselchen Mikronesiens bis Neuseeland. Schon die ersten westlichen Reisenden – vor allem Cook – erwähnen sie. Einige (so Layard) meinen, der Kava stamme aus Indonesien beziehungsweise Malaysia, und vergleichen ihn mit der Betelnuß. Vincent Lebot (*Kava, the Pacific Drug*) sieht in ihm eine in den Neuen Hebriden, genauer auf Pentecost, beheimatete Pflanze. Wahrscheinlich hat er recht, denn noch heute stimmen alle Melanesier darin überein, daß die Pflanze aus Raga die beste ist.

Das Rezept zur Herstellung des Getränks ist überall das gleiche. Wenn die Pflanze fünf Jahre alt ist, wird die Wurzel ausgegraben und zerkleinert, um den Saft zu gewinnen. Auf Ambae, auf

* Affäre von Ouvéa: 1988, auf der Insel Ouvéa, die zum französischen »Territoire d'Outre Mer« Neu-Kaledonien gehört. Die Befreiungsfront NKLS, die für die Unabhängigkeit von Frankreich kämpft, hatte zunächst die Insel abgesperrt, um die französische Regionalwahl zu verhindern, die für Ende April vorgesehen war. Dann überfielen militante Separatisten eine Gendarmeriestation, wobei vier Ordnungshüter getötet und 24 weitere als Geiseln genommen wurden. Diese wurden in einer Höhle gefangen gehalten. Bei der Befreiung der Geiseln richteten die französische Armee und Sicherheitskräfte ein Blutbad an, es gab 21 Tote, darunter 17 Entführer, zwei mit der Verpflegung betraute Melanesier und zwei Soldaten (s. weitere Einzelheiten im Text unten). Die neugewählte französische Regierung zeigte eine größere Vermittlungsbereitschaft. Separatisten und Loyalisten einigten sich auf eine zehnjährige Übergangsregierung unter der Aufsicht des französischen Staates (»Accords de Matignon«). Quelle: Friedrich Valjavec: *Wege der Tradition. Aspekte kultureller Wechselbeziehungen in Vanuatu und Neukaledonien.* Berlin (Dietrich Reimer) 1995; Anm. d. Ü.

Malekulo, wird die Wurzel in einem Steinmörser zerstoßen. Auf Ambrym und Raga zerreibt man sie mit Hilfe eines Stößels aus Koralle in der Handfläche.

Die Legende spricht ihre Entdeckung einer Frau zu. Auf Tonga wird erzählt, die erste Pflanze sei aus dem Kopf eines Mädchens gewachsen, das an Lepra gestorben war. Eine Frau hatte beobachtet, wie jeden Abend eine Maus kam, um an der Wurzel zu nagen.

Auf Raga ist die Legende noch ungewöhnlicher. Früher kam im Süden der Insel ein Ungeheuer mit seiner Frau, um die Kinder zu fressen. Ein kleiner Junge und seine Brüder wurden gefangen und ins Haus des Ungeheuers gesperrt. Um zu fliehen, ersann der Junge eine List. Er erzählte dem Oger, er sei in Wirklichkeit ein Geist, zum Beweis müsse er nur sein Haus in Brand setzen, und es würde nicht brennen. Das Ungeheuer zündete es an, der Junge versteckte sich mit seinen Brüdern in einem Loch, das er gegraben hatte. Als der Oger sah, daß sie unversehrt waren, wollte er es ihnen nachtun, doch er verbrannte in seinem Haus. Wie die Frau den Tod des Mannes bemerkte, versuchte sie die Kinder zu fangen. Aber der Junge glitt zwischen ihren Beinen durch, griff einen glühendheißen Stein und steckte ihn der Frau in die Vagina, so daß sie auf der Stelle starb. Aus diesem Stein entstand die erste Kavapflanze.*

---

* In: Vincent Lebot, Mark Merlin, Lamont Lindstrom: *Kava the Pacific Drug*. New Haven – London (Yale University Press) 1992.

KAPITEL SECHS

Gott, Götter und Schatten

Auf Raga hat man ständig auf unerklärliche Weise die Empfindung göttlicher Anwesenheit.

Auch an anderen Orten der Welt kann dieses Gefühl aufkommen, etwa in den Mooren der Bretagne, oder in den Schluchten tief im Wald der Vogesen, auf Island, wo man den Feuerschlünden der Erde so nahe ist, oder auch in der windgefegten Steinwüste. Ich kann mir vorstellen, daß auch vom Eispanzer der Antarktis ein ähnliches Gefühl ausgeht.

Auf Raga entspringt es vielleicht dem Zusammentreffen einer wilden Natur mit der Sanftmut der Menschen, die in ihr leben: die Schroffheit der schwarzen Felsen, die Gewalt des Kliffs, dazu die Übermacht der Pflanzen und das in der Luft schwebende Wasser – kurz gesagt, das Vulkanische.

Doch auf Raga finden wir gar keine richtigen Vulkane. Eine Sage, die mir Willie Bebé erzählte, erklärt, warum es auf Ambrym Vulkane gibt und auf Raga nicht:

Vor sehr langer Zeit lebten zwei streitsüchtige alte Männer auf beiden Seiten der Meerenge. Eines Abends warf der Alte von Raga einen brennenden Holzscheit auf seinen Rivalen: »Hier nimm das, damit es dir nachts nicht mehr kalt wird!« Der andere schickte zur Erwiderung lebendigen Rauch nach Raga: »Hier, damit du in der Nacht nicht allein bist!«

Seit dieser Zeit brennen die Vulkane auf Ambrym, und die Mücken plagen die Einwohner von Raga.

Der Geist Gottes durchweht diese Inseln. Der Geist, nicht die Religion. Es trifft hier wohl zu, was Vincent Boulékoune von der Kultur im allgemeinen und von den Museen im Besonderen sagt: In Raga ist die gesamte Insel ein Museum. Und die gesamte Insel ein Gotteshaus.

Ich gehe mit Charlotte Wèi den Strand entlang. Der Kieselstrand nimmt kein Ende, er erscheint wie eine Straße, die zu den bläulichen Bergen von Ambrym führt.

»Schau mal«, sagt sie. »Hier ist die erste Kirche, die auf Raga gebaut wurde.«

Was sie mir zeigt, ist ein großer, auf dem Strand umgestürzt liegender Baumstamm, von der Sonne völlig geschwärzt, fast zu Stein geworden.

Charlotte geht zu dem Stamm, sie bückt sich und kriecht unter den Baum, verschwindet in seinem Schatten. Dann kehrt sie ins Sonnenlicht zurück, ihr Gesicht erleuchtet von einer Gewißheit.

Sie erzählt mir, wie ihr Vorfahre Stéphane Tabiri die Religion Christi nach Pentecost brachte.

»Als Kind lebte Tabiri in einem Dorf, hier am Meer. Der Häuptling des Dorfes war ein böser Mann, er hatte schon viele umgebracht. Eines Tages steckte ein kleines Mädchen namens Matantaré, Tabiris Schwester, beim Spielen eines der Häuser des Häuptlings in Brand und es brannte völlig aus. Der Häuptling ging zu den Eltern des Mädchens und sagte: ›Zur Strafe verlange ich zehn Schweine!‹ Aber Matantarés Eltern waren arm, sie konnten nur neun Schweine zusammenbringen. Da packte der Chef das kleine Mädchen, band es an einen Baum und sagte: ›Da ihr den Preis nicht bezahlen könnt, ist sie das zehnte Schwein!‹ Und trotz des Weinens der Eltern ließ er dem Kind die Kehle durchschneiden und legte Feuer an den Baum, um es zu verbrennen. Als Tabiri das sah, lief er fort und schwor, er würde eines Tages zurückkehren und seine Schwester rächen. Er musterte an, fuhr nach Kwinsala, und empfing dort die christliche Erziehung. Später kam er hierher zurück, auf einem Schiff, um die Religion zu bringen, damit nie mehr ein Kind verbrannt wird. Und von diesem Baum herab hat er zu den Leuten unseres Volkes zum ersten Mal von der Religion der Christen gesprochen.«

Nicht weit von der Stelle zeigt mir Charlotte im Dschungel am Fuß einer Felswand eine Zementplatte, auf der eine rosa Muschel angebracht ist.

»Als Tabiri zurückkehrte, wollte der Meeresgott ihn daran hindern, zu landen, er nahm die Form eines Meerestiers an und schickte Wellen, um das Schiff zu versenken. Aber Tabiri nahm seine Harpune, tötete das Tier und aß es. Zur Erinnerung legte er die leere Schale auf einen Fels. Später wurde die Zementplatte hergebracht und die Muschel darauf befestigt.«

Es ist ein großes prachtvolles Muschelhorn, von der Zeit abgenutzt, und ebenfalls fast schon zu Stein geworden.

Über der Zementplatte steht geschrieben:

»Stéphane Tabiri 9 may 1872 Vanuatu«

Charlotte geht zurück zu dem einzigen Denkmal vom Beginn des Christentums auf Raga. Dieser umgestürzte Baumstamm auf dem Kieselstrand wirkt stärker auf mich als jede Kirche. Es ist, als hätte der Ozean nach einer langen Reise auf den Wellen dieses Ding, dieses Zeichen, dieses Wrack auf dem Strand abgesetzt, und es erscheint nun als eine Brücke, welche die Zeiten und die Glaubensauffassungen verbindet.

Später zeigt mir Charlotte noch weitere Geheimnisse: in einer Höhle am Meer, im Buschwerk verborgen, eine alte, in die Wand geritzte Felsmalerei. Eine einfache lineare Zeichnung, weiß und gelb, gleicht sie dem *ruerue*, das die Leute von Ambrym und Raga mit einem Stock in den Sand zeichnen, ohne abzusetzen. Eine Malerei ihrer Vorfahren? Eine göttliche Spur? Charlotte ist sich nicht sicher. In Vanuatu sind die Höhlen Orte des Erscheinens und des Todes. Hier liegt alles übereinander geschichtet, das Wunderbare und das Natürliche.

Etwas weiter verläßt sie die Straße und nimmt einen Weg zur Felswand. Der Basalt ist an vielen Stellen von Kaminen durchstoßen, die weißglühende Magma hineinbrannte.

»Komm, du kannst schauen, ob du einmal hierher zurückkehrst!«

Der Test besteht darin, einen Stein durch eine der Röhren zu werfen. »Wenn der Stein nicht herunterfällt, geht dein Wunsch in Erfüllung.« Ich versuche es mehrmals, und jedesmal fällt der Stein heraus. Nun ist die Reihe an Charlotte. Beim ersten Mal prallt der Stein von den Wänden des Kamins ab und kommt zurück. Sie versucht es ein zweites Mal. Sie beugt sich tief, bis auf den Boden, den Oberkörper halb im Innern des Kamins. Ich sehe die Muskeln ihres Rückens und ihrer Arme angespannt wie Seile. Mit einer einzigen geschickten Bewegung wirft sie den Stein. Die Stille, die folgt, beweist, daß er die ganze Höhe der Felswand hinaufgeschnellt und an ihrer Spitze herausgekommen ist.

Sie schaut mich mit einem fast kindlichen Ausdruck der Befriedigung an. Mir drängt sich der Gedanke auf, daß sich darin wohl das Recht ausdrückt, auf dieser Insel zu leben. Überlebensfähig zu sein, so daß man einen Vogel oder eine Fledermaus mitten im Flug mit einem einzigen Steinwurf herunterholen kann. Alles andere ist Zeitverschwendung.

In Vanuatu liegen die Mythen an der Oberfläche. Sie sind von der Wirklichkeit nicht getrennt. In jedem Augenblick, an jedem Ort kann ein Wort sie hervorspringen lassen, als wäre die Kraft des Beginns noch lebendig in den Steinen, in den Bäumen, im Wasser der Sturzbäche. Daß ich diese frohe Magie wahrnehmen kann, verdanke ich Charlotte. Ihrem Optimismus, ihrer Art, über alles zu lachen, ihre eigenen Mißgeschicke miteingeschlossen. Ich verdanke es ihrer Großzügigkeit und ihrem unzerstörbaren guten Willen. Die Ethnologen, zufällig vorbeikommende Reisende wie ich, haben die melanesische zuweilen als eine der am stärksten von den Männern beherrschte Gesellschaft auf der Welt beschrieben. Vielleicht haben sie recht. Dennoch muß ich heute, mit Charlotte am Strand, an die Erschaffung der Frau denken, wie sie einst Jean Guiart auf der Insel Espiritu Santo erzählt wurde:

> *Am Anfang wurde der Mann von Gott erschaffen, mit ein wenig Lehm. Er begann bei den Füßen und endete bei der Fontanelle. Der Mann lebte in einem großen Garten am Meeresufer. Eines Tages flog während der Jagd eine Fledermaus nah an ihm vorbei, und der Mann wollte sie mit dem Pfeil abschießen. Aber die Fledermaus setzte sich auf den Pfeil. »Wer bist du?«, fragte der Mann. »Ich bin Taotaé, ich bin Gott«, sagte die Fledermaus. Dann nahm sie die Gestalt einer Frau an und der Mann vereinigte sich mit ihr. So begann die Stammlinie der Menschenwesen, von denen wir heute alle abstammen.*

Auf Raga ist man immer nah am Moment der Schöpfung.

Hier gibt es trotz der Dramatik der Natur und mancher Wirrnis der Kolonialgeschichte noch etwas von der ursprünglichen Freude, die an Nietzsche oder an Tagore denken läßt.

Etwa Spaß und Ulk in der Entstehungsgeschichte.

Der Sündenfall, die Erbsünde, wäre nicht die Sache der Melanesier, das ist deutlich spürbar. Sie sind zugleich phantasievoller und realistischer. Darin liegt wohl auch der Grund, daß die Märchen so präsent geblieben sind, trotz des Drucks der Kirchen und obwohl die weltweiten Medien auch hier Einzug halten.

Der Ursprungsmythos, wie er einst in der Sa-Sprache dem Pater Elie Tattevin* erzählt wurde:

Zu Beginn war da nur das Land mit seinem Pflanzenwuchs. Es gab nur eine einzige Kokospalme an einem Ort namens Rebrion. Dieser Baum ist heute tot. Die Kokospalme blühte und trug eine riesige Frucht, die den Geist von Barkulkul enthielt. Dann platzte die Frucht auf und aus ihr wurden sechs Männer geboren. Der erste war Barkulkul. Die Männer fielen zu Boden auf ein Bett aus Palmblättern. Eine große Kokosnuß gab ihnen Milch, das war ihre Muttermilch. Als sie erwachsen waren, wohnten die sechs Brüder in einem Männerhaus. Eines Tages sagte Barkulkul: »Wir werden alle sterben und keiner wird uns überleben. Wir müssen ein andersartiges Wesen schaffen, damit unsere Rasse weiterlebt.« Dann sagte er: »Laßt uns Kastanien sammeln.« Sie gingen in den Dschungel und kamen mit einem Vorrat Kastanien zurück. Barkulkul sagte: »Laßt uns die Kastanien auf dem Feuer rösten.« Anschließend sagte er: »Laßt uns die Kastanien schälen.« Und sie schälten sie. Er sagte: »Laßt uns die Kastanien essen.« Und sie aßen sie.

* Elie Tattevin (1883–1949), Missionar der Maristen, eines katholischen Marienordens, wurde in Pornic in der Bretagne geboren. Nach dem Studium am Seminar von Nantes wurde er 1909 auf Mission zu den Neuen Hebriden geschickt. Er war Priester auf Pentecost (in Melsissi, danach in Baie-Barrier), später in Aoba (Ambae). 1947 zog er sich nach Montmartre (Port-Vila) zurück, wo er 1949 starb. Wir verdanken ihm außer Glossaren ein bedeutendes Werk über die Mythen im Süden von Pentecost: *A l'ombre des ignames.* (1915), »Sur les bords de la mer sauvage« (1926), »Mythes et légendes du sud de l'Ile Pentecôte«.

Dann nahm Barkulkul eine Kastanie und warf sie auf seinen jüngsten Bruder und sie blieb an seinem Penis hängen. Der Mann begann zu weinen, er versuchte die Kastanie zu entfernen, aber sie hing fest und als er sie entfernte, riß er die Hoden mit ab. So wurde er eine Frau.«

Seine Brüder stießen sie weg und sagten zu ihr: »Geh weg, in dein Haus.« Und sie ging. Die Brüder sagten ihr auch: »Nimm ein Bananenblatt.« Und sie nahm vom Stamm des Bananenbaums ein Blatt, nähte es mit einer Nadel von der Sagopalme zu einem Rock, den sie sich um die Hüften band. Die Frau hieß dann Sermorp (aufgeplatzte Kastanie).

Die Männer beschlossen zu essen. Sie machten im Männerhaus ein Feuer. Der erste Mann ging zur Frau und sagte ihr, daß sie essen wollten.

»Es ist gut, mein Bruder«, sagte Sermorp. »Geh Holz holen.«

Der Mann ging Holz holen und die anderen fragten: »Was hat diese Frau zu dir gesagt?« Der Mann antwortete: »Sie hat mich mein Bruder genannt.«

Da schickte Barkulkul einen zweiten Mann: »Geh hin und hol bei ihr Muschelschalen, um das Essen zu reiben.«

Er ging zu ihr und Sermorp sagte zu ihm: »Es ist gut, mein Vater. Nimm dir Muschelschalen.« Die anderen fragten ihn: »Was hat diese Frau zu dir gesagt?« Er antwortete: »Sie hat mich mein Vater genannt.« Barkulkul schickte den Dritten: »Geh zu ihr und hole den Inselkohl.« Als er zu ihr kam, sagte Sermorp zu ihm: »Was möchtest du, mein Vetter?« Der Mann brachte*

* Anderer Name für Taro; Anm. d. Ü.

den Kohl und sagte: »Ich bin hingegangen und sie hat mich ihren Vetter genannt.« Der vierte Mann begab sich zur Frau, um von ihr Bambus zum Kochen der Lebensmittel zu holen. »Mein Großvater, nimm es dir«, sagte Sermorp. Die anderen fragten ihn wieder und er sagte: »Sie hat mich ihren Großvater genannt.«

Als der Kohl fertig gekocht war, schickten sie den fünften Mann zur Frau, um von ihr Wasser zu holen. Sermorp sagte zu ihm: »Nimm dir Wasser, mein Sohn.« Sie begossen den Kohl mit Salzwasser und fragten ihn: »Was hat diese Frau zu dir gesagt?« Er antwortete: »Sie hat mich mein Sohn genannt.«

Als sie die Mahlzeit beendet hatten, ging Barkulkul als letzter zu der Frau und bat sie um Wasser, um sich zu waschen. Da wandte sich Sermorp an Barkulkul und sagte: »Nimm dir Wasser, mein Liebling, mein loa (Geist)!« Barkulkul lächelte sie an, nahm das Wasser, und als er zu dem Männerhaus zurückkehrte, sagten sie ihm: »Du bist ihr Liebling, du sollst sie heiraten.

Die letzte Version des Märchens, wie sie Margaret Jolly* wiedergibt, wird deutlicher (sehr wahrscheinlich hat Pater Tattevin es zensiert):

Die Nacht kam und die Brüder waren im Männerhaus versammelt. Der sechste Bruder (Barkulkul) begab sich zu der Frau in ihr Haus und sie legten sich miteinander schlafen. Die Männer horchten und sie hörten, wie der Mann sie bestieg und in sie eindrang, aber die Frau versuchte, ihn daran zu hindern. Als er

* Margret Jolly: *Spouses and siblings in Sa stories.* Australian Journal of Anthropology, August 2003; sowie: *Family and Gender in the Pacific.* Cambridge (Cambridge University Press) 1989; Anm. d. Ü.

sie begattete, weinte sie und sagte: »O meine Mutter, ich werde sterben!« Die anderen Männer riefen ihr von weitem zu: »Hör auf zu weinen!« Und sie hörte auf. Dann schlief das Paar ein und sie war seine Frau geworden.

Sie wurde schwanger und brachte ein Mädchen zur Welt. Das Paar zog sie auf und als sie groß war, wurde sie mit einem Mann verheiratet und sie lebten in Rebrion. Diese Tochter gebar eine weitere Tochter. Und diese Tochter wurde ebenfalls verheiratet und brachte Jungen und Mädchen zur Welt. Und so ging es weiter, und sie bevölkerten ganz Rebrion. Wenn heute eine Frau mit einem Mann heiratet, begatten sie sich und die Frau weint nicht. Was früher in Rebrion geschah, geschieht nicht mehr, und so ist es bis heute.

In den melanesischen Mythen nimmt das Schwein einen besonderen Platz ein. Die Legende seiner Erschaffung ist nicht weniger drastisch. Auf Raga kennen sie alle.

Als wir in Ilamre anlangen, zeigt mir Charlotte die Grenzen ihrer Kindheitswelt. Das Dorf liegt an der höchsten Stelle des Plateaus. Auf der einen Seite sieht man den Westpazifik, auf der anderen den Osten, wo die Toten leben.

Charlotte zeigt mir die Tarofelder, die Duftpflanzen, den Kava. Als wir wieder hinuntersteigen, weist sie auf einen Pferch aus Baumstämmen, mitten im Dschungel. »Hier leben die Schweine.« Der Pferch dient weniger dazu, die Schweine einzusperren, als zu verhindern, daß sie die Felder beschädigen. Ich sehe einige dunkle Leiber, ich höre das Knacken brechender Zweige, einen Galopp wilder Tiere. Es ähnelt überhaupt nicht der Schweinezucht, wie wir sie in der Bretagne oder in Mexiko finden.

Die Leute von Raga haben eine seltsame Beziehung zu diesen Tieren. An den Seitenpfosten hängende Schweinekiefer zieren alle

Häuser. Im privaten Museum von Pater Rodet in Port-Vila habe ich eine beeindruckende Sammlung von Schweinekiefern und -zähnen gesehen. Nur die männlichen und zweigeschlechtlichen Schweine müssen erleiden, was Jean Guiart zu Recht ein Martyrium nennt. Wenn sie noch klein sind, werden ihre oberen Eckzähne mit Steinen abgeschlagen, damit die Hauer des Unterkiefers ungehindert wachsen können. Wenn sie den Oberkiefer durchstoßen haben, rollen sich die Zähne im Laufe der Jahre zu Spiralen mit mehreren Windungen. Die auf diese Weise zusammengenagelten Kiefer lassen sich nicht mehr öffnen, und die Schweine müssen von ihren Besitzern mit Brei gefüttert werden. Wenn die Schweine ausgewachsen sind und ihre Hauer eine beträchtliche Größe erreicht haben, werden sie geopfert (erschlagen oder seltener mit Pfeilen erschossen) und zerlegt, und ihre Kiefer schmücken das Haus ihres Besitzers. Die Zähne dienen manchmal (doch heute immer weniger) auch als Bezahlung des Brautpreises an die Familie der Braut bei einer vereinbarten Ehe.

Die Ethnologen haben sich voll Interesse mit der Rolle der Schweine im melanesischen Sozialsystem befaßt. Sie haben aufmerksam die Rangstufen, die Zeremonien und den Tausch untersucht. Sie haben daraus geschlossen, Schweineopfer seien eine Alternative zum Menschenopfer gewesen – eine etwas simple Folgerung.

Einer der merkwürdigsten Züge dieser Nähe zu den Schweinen ist die Zweigeschlechtlichkeit. Offenbar kommen – zumindest bei den Schweinen von Vanuatu – zweigeschlechtliche Schweine bei der Geburt so häufig vor, daß dies Eingang in die Kultur gefunden hat. Während die weiblichen Schweine mit Blick auf die Fortpflanzung unversehrt bleiben, werden die männlichen und zweigeschlechtlichen verstümmelt, um spiralförmige Zähne zu erhalten, und geopfert. In Pater Rodets Sammlung sind die Zähne der männlichen doppelt so lang wie die der zweigeschlechtlichen Schweine, und daher von höherer ritueller Bedeutung.

In einer Gesellschaft, in der heute das Papiergeld und das virtuelle Geld herrschen, haben die Schweinezähne für die Melanesier nur noch einen Erinnerungswert, sie sind eine phantasierte Investition, ähnlich wie die Louis d'Ors zur Zeiten unserer Großmütter. Die Schweine hingegen haben weiterhin ihren Preis, nicht nur wegen des Fleischs. Sie sind Nachbarn und zugleich Sinnbilder für die Einwohner der Inseln. Während der Feste werden sie im Freudentaumel geschlachtet, es erinnert ein wenig an die Matanzas in Spanien oder in der Bretagne. Auch die gebogenen Hämmer, mit denen sie getötet werden, haben in den Häusern immer einen wichtigen Platz. In den Mythen sind die Schweine eng mit den Menschen verbunden und teilen mit ihnen den Besitz des Landes.

Nach einem von Margaret Jolly gesammelten Märchen* sind die Schweine durch einen Zufall von einem Mann geboren worden.

> *Ein Mann namens Waghere war auf einen Baum geklettert und die Dornen der Rinde hatten seine Hoden verletzt, so daß sie anschwollen. Er legte sich deshalb hin, wie zu einer Geburt, und aus seinen Hoden kamen alle Arten von Schweinen der Schöpfung heraus, zuerst die Schweine mit hängenden Ohren, dann ein rotes, dann ein weißes, dann ein schwarzes und zuletzt ein graues. Einige wurden von den Menschen eingefangen, andere entkamen und flohen auf die Nachbarinseln. Bis dahin hatten die Menschen nichts anderes zu essen gehabt als Landkrabben. Da sagte Wahgere zu ihnen: »Tötet alle Landkrabben! Jetzt haben wir Schweine.«*

Über die vordergründige Naivität dieser Märchen kann man lächeln. Aber sind diese Erzählungen am Ende wirklich kindlicher als die Geschichte von der Erschaffung Evas, von der Arche Noah oder vom brennenden Dornbusch?

---

* Margaret Jolly: *Women of the Place: kastom, colonialism and gender in Vanuatu*. Philadelphia (Harwood Academic Publishers) 1994, S. 69; Übersetzung nach dem französischen Original; d. Ü.

Auf Raga gewinnt man den Eindruck, man begegne auf Schritt und Tritt einem Geheimnis. In den Schluchten, in den Höhlen an den Berghängen, in den Ansammlungen von Blättern, Zweigen und Lianen, die einem den Weg versperren. In den Goldfruchtpalmen mit ihren hohlen Stämmen und Zweigen, die zu Wurzeln werden.

Vielleicht liegt darin etwas von der uralten Furcht, die alle Sagen auf Erden inspiriert hat. Diese Furcht war auch die Grundlage überlieferter Weisheiten.

Die Gewalt der Eindringlinge aus Europa, Amerika oder Australien hat dieses sanfte Volk gezwungen, in einem großen Sprung in das Zeitalter von Industrie und Tourismus zu gelangen.

Es gibt heute noch Reisende, die sich von Vanuatu angezogen fühlen, – wie von Papua-Neuguinea, Borneo oder dem Amazonasgebiet – wegen der Vorstellung, Nackte oder Wilde anzutreffen.

Sie stellen sich diese Welten noch so vor, wie sie Malinowski oder Jean Guiart beschrieben haben, eine grüne Hölle, die sie, mit Stiefeln, Hüten und Karabinern ausgerüstet, hinter ihren Scharen von Trägern erkundeten.

Die alten Mythen und die modernen Geschichten stoßen aufeinander, durchdringen sich gegenseitig, es entsteht daraus der Tuff der neuen melanesischen Kultur, die Seele des unsichtbaren Kontinents. Die Experten sprachen früher gern von »Akkulturation« – mit all dem Negativen, was dieser Begriff enthielt. In jüngerer Zeit gebrauchen sie den Begriff der »Vermischung« (frz. *métissage*) oder der »Kreolisierung« – und bezeichnen damit die Dominanz der »weißen« Macht über alle Formen des Ausdrucks und der Sprache.

Doch in Vanuatu ist auch die alte Welt stets präsent. Sie ist ein Raunen, ein Gesang, der aus den Schluchten aufsteigt, die großen Bäume umgibt, sich mit dem Rieseln des Taus vermischt, der jede Nacht vor Tagesanbruch von den Rändern des Blätterdachs und der rostigen Blechplatten tropft.

Das moderne Leben, das ist Willie Bebé, wenn er abends seinen Dieselgenerator anwirft und unermüdlich wieder und wieder vor Jung und Alt die Videokassette »Rings of Fire« ablaufen läßt, einen altmodischen Dokumentarfilm über die Vulkankette des Südpazifiks – als wenn diese Bilder in ihrem kollektiven Gedächtnis die gigantische Eruption des Vulkans Witori in Neu-Britannien vor etwa 10 000 Jahren wiedererweckten, die vielleicht einer der Gründe für die Zerstreuung der Melanesier gen Osten war.

In ihrem Haus auf den Höhen des Dorfs Melsissi hockt Charlotte Wèi im Schneidersitz an ihrem Lieblingsplatz auf ein paar Kissen vor der Tür und erzählt. Sie hat die Kerosinlampe angezündet, die Nachtfalter und fliegende Ameisen erregt. Ihre Töchter sind bei ihr, die jüngste schmiegt sich in ihren Schoß, die beiden anderen, heranwachsende Mädchen, sitzen auf der Plattform vor der Tür, die als Balkon dient. Charlotte erzählt Geschichten zwischen Phantasie und Wirklichkeit. Sie spricht vom täglichen Leben.

Charlotte sorgt sich um ihre Töchter, vor allem um die älteste. Wir reden über Themen, die nach meiner Vorstellung in Vanuatu schwierig anzuschneiden sind, auch wenn die melanesische Kultur keineswegs prüde ist. Charlotte fragt mich nach AIDS, nach Mitteln, die Jugend vor der Krankheit zu schützen, nach den Risiken, die Mädchen heutzutage eingehen, wenn sie ungeschützt mit dem erstbesten Jungen schlafen. Sie spricht vom Krankenhaus in Port-Vila, wo viele Männer und Frauen im Sterben liegen. Offenkundig gibt es keine Information zu diesen Themen in den Schulen, oder bei den Nonnen von Melsissi wurde vergessen, sie anzusprechen. Auf Vanuatu sind keine Kondome erhältlich, außer vielleicht in der Gesundheitsstation, aber keines der Mädchen würde sich trauen, sie dort zu holen.

Dann erzählt sie mir eine schreckliche Geschichte:

»Ich kannte eine Frau von hier, ihr Ehemann hatte sie zur Arbeit nach Espiritu Santo mitgenommen, und sie hat außerdem als

Putzfrau in der Gesundheitsstation von Luganville gearbeitet. Dort traf sie einen Mann und sie hat mit ihm geschlafen, ohne daß ihr Ehemann davon wußte. Danach wollte sie mit dem Schiff hierher fahren, um ihre Kinder zu besuchen. Als der Mann, mit dem sie geschlafen hatte, hörte, daß sie wegging, gab er ihr einen Brief, und sagte dazu, sie solle ihn erst öffnen, wenn sie zu Hause angekommen sei. In der Nacht auf dem Schiff konnte sie nicht schlafen, sie schaute den Umschlag an und fürchtete sich, den Brief zu lesen. Als sie ihn öffnete, stand da geschrieben: »Willkommen im AIDS-Club«. Als sie begriffen hatte, was die Worte bedeuteten, weinte sie die ganze Nacht auf dem Schiff, weil dieser Mann sie zum Sterben verurteilt hatte.«

Auf meine Frage, was danach geschah, fuhr Charlotte fort:

»Die Frau traute sich nicht, es ihrem Ehemann zu sagen, aber wie er sah, daß sie die ganze Zeit weinte, stellte er ihr Fragen und am Ende erzählte sie ihm alles. Daraufhin verjagte der Ehemann sie aus seinem Haus, sie durfte nicht einmal zurückkommen, um ihre Kinder zu sehen. Die Frau zog zu ihrem Bruder nach Port-Vila, aber sie hatten kein Geld für die Medikamente und er war es, der sie pflegte, bis sie starb.«

Auch wenn sie nicht wahr ist – ich habe die gleiche Geschichte über Mauritius gelesen – so erzählt sie mehr als jede Untersuchung über die Welle, die heute alle Küsten der Welt überschwemmt, bis ins entlegenste Archipel. Die Globalisierung gilt wohl zuallererst für die Epidemien. Auch wenn hier von einem kriminellen Schweinehund die Rede ist, so ist sein Verhalten nicht stärker zu verurteilen als das der großen Pharmaunternehmen, die sich weigern, die Medikamente zur Hemmung des Ausbruchs von AIDS zu geringeren Kosten abzugeben, und die damit die Kranken in den ärmsten Ländern zum Tod verurteilen. Oder das Verhalten der lokalen Behörden, die wegen eines Verbots aus der Vergangenheit die Information und Vorsorge bei den Jugendlichen verhindern, die das größte Risiko tragen.

Warum das so ist, wäre Anlaß zu vielen Fragen. Eines ist sicher, in Raga wie auf den meisten Inseln des Pazifik ist man heute recht weit entfernt von dem eher imaginären, von Malinowski erfundenen Paradies, in dem die Trobriander in einer Art Idylle der Sinne in völliger Freiheit lebten – dieses Phantasma erlaubte ihm wohl, sein Versagen in seinem eigenen Liebesleben zu kompensieren. Etwa wenn er in seinem Buch schrieb: »... das Land Kaytalugi, das ausschließlich von geschlechtstollen Frauen bewohnt ist.«*

»Wir sind kein Jahrhundert fürs Paradies«, hält ihm Henri Michaux (in *Misérable Miracle***) entgegen.

Inzwischen ist jeder Handbreit Erde bis ins Herz des Amazonasurwaldes, bis zu den Eiscanyons der Antarktis untersucht, fotografiert, vom kalten Auge des Satelliten analysiert worden. Wenn noch ein Geheimnis bleibt, dann liegt es im Innern der Seele, in der langen Folge des Begehrens, der Legenden, der Masken und Gesänge, und läuft über die Haut der Völker wie das Wogen der Felder im Sommer.

---

* Bronislaw Malinowski: Schriften in vier Bänden. Hg Fritz Kramer, Frankfurt/M. (Syndikat) 1979. Bd 2 Das Geschlechtsleben der Wilden, S. 167.

** Dt.: Henri Michaux: *Unseliges Wunder. Das Meskalin*. Übersetzung Gerd Henninger. München (Hanser) 1986.

KAPITEL SIEBEN

Die Kunst des Widerstands

»Inseln aus Asche und Korallen«, schrieb einst Aubert de la Rüe* über den pazifischen Kontinent. Als berührten sich in diesem Ort Anbeginn und Ende. Wer aus dem Grundgebirge kommt, jenen riesigen Landmassen aus Granit und Kalk, wo sich über Jahrmillionen das Schwemmgut der Flüsse absetzte, für den haben vulkanische Inseln etwas Neues, Bedrohtes, die Phantasie Anregendes, das sich in den Völkern, die dort leben, bestimmt niedergeschlagen hat.

Ein Stäubchen, das in der Luft hängt, ein bleibender Geruch nach Verbranntem, oder aber die Stille nach einer Feuersbrunst. Ein Boden, der ständig bebt, wie eine bewegliche Haut. Das Meer kann jeden Moment alles verschlingen. Die Meeresvögel sind gewissermaßen die einzigen dauerhaften Bewohner. In den Meerestiefen seltsame, monströse Fische, Neunaugen, steinförmige, skorpionartige. Ab und zu schnellt ein Mondfisch aus dem Wasser und stirbt auf dem Strand, ohne Grund, wie verfolgt von einem Wahn.

* Edgar Aubert de la Rüe (Genf, 1901–1991), Geologe und Geograph, Reisender und Fotograf, der sich hauptsächlich mit den Inseln der Südsee beschäftigte: Saint-Pierre-et-Miquelon, Kerguelen, Vanuatu; Anm. d. Ü.

Im 15. Jahrhundert unserer Rechnung, zu Zeiten des Königs Mata, ist nach einem heftigen Erdbeben die Insel Kiuwae vollständig im Ozean versunken. Nach der Legende wurde das Desaster von einem Inzest ausgelöst (wie übrigens auch die Sintflut). Der Bewohner eines Landes muß ein anderes Bewußtsein von seiner Heimat haben, wenn er weiß, daß ein Teil fehlt. Wie der Amputierte von seinem Bein träumt. Es gibt da etwas Unmögliches, Unvollständiges. So gleitet die Piroge zwischen Epate und Efi über den Ozean und zugleich über eine versunkene Welt.

Da wird alles übrige lächerlich sein, etwas Unwirkliches haben.

Wer so am Abgrund lebt, muß lernen, Widerstand zu leisten.

Diese Widerständigkeit ist es, die den fremden Reisenden überrascht, woher er auch kommt, aus Amerika oder Europa.

Die an den Ufern stehenden wartenden Statuen.

Statuen, Männer, Frauen?

Götter.

Geschnitzt aus dem schwarzen Wurzelholz des Farnbaums, stehen sie am Ufer oder im Halbkreis auf einer Lichtung gruppiert, unweit der Dörfer.

Loas, Geister.

Abbilder der Verstorbenen, in ihre Höhlen im Osten der Insel getragen, oder im Meer versenkt.

Damit sie eines Tages zurückkehren, vielleicht, wer weiß?

Übernatürliche Wesen, zwischen Mensch und Tier, mehr als zwei Meter groß, mit Augen wie Nautilusse, scharf gezeichnetem Profil, geraden Nasen, mit zur Seite geöffneten Nasenlöchern, die Spiralen der Schweinezähne bis zu den Mundwinkeln heruntergezogen, die Gesichter sind in die Maserung des Holzes gearbeitet, umgeben von Zackenlinien, die es unter einem Saurierkamm hervortreten lassen.

Die Leiber sind von oben bis unten von einer langen Verletzung gespalten, die das rote Innere des Stammes zeigen, damit die Stimmen herausdringen können.

Slit Gongs.

Harte, tief klingende Schläge, die jahrhundertelang von einer Insel zur nächsten drangen, begleitet vom dumpfen Geräusch nackter Füße auf dem Erdboden.

Stimmen aus dem Urwald, aus den Tiefen der Erde. Unterirdische Trommeln, Stimmen der Verstorbenen, Stimmen der Vorfahren, die die Inseln miteinander verbanden.

Ambae, Ambrym, Epi, Efaté, Raga, Tanna, Tongoa, Aneityum.

Stimmen, die den Riß der Zeiten schlossen und diese Inseln mit dem fernen Land verbanden, mit Australien, Celebes, Molukken, Malaysia, Madagaskar, den Andaman-Inseln, mit Taiwan, mit Amami Oshima.

Dunkle Schläge, die das Tuch des Nachthimmels webten, die Wellen fernhielten und auf dem rostigen Grund des Ozeans Routen zeichneten.

Jahrhundertelang haben diese Wesen getanzt, gerufen.

Jetzt schweigen sie.

Leben im Exil in Museen, im Musée du quai Branly in Paris, im British Museum London, im Musée Leopold II Brüssel, in Rom, Madrid, Berlin, Washington, an allen Enden der Welt.

Sie werden nie mehr sprechen.

Ihr schwarzes Holz mit dem feuerroten Inneren wittert langsam vor sich hin, in den verstaubten Gärten von Port-Vila, neben einer Hochsee-Piroge und Masken aus Pflanzenfasern.

Die Riesen auf Ambrym und auf der Pfingstinsel Raga gleichen den Riesen auf der Osterinsel Rapa Nui, als läge zwischen Pfingsten und Ostern nur ein langer melancholischer Gesang.

Dort stehen sie noch, bis zu ihrer Verwitterung, bis zur Vollendung. Jeder für den Namen eines Ahnen, der in den Sturm geschrien wurde, wie zu der Zeit, als die Männer und Frauen auf diesen schwarzen Ufern Fuß faßten, um hier ein neues Leben anzufangen.

Jahre sind vergangen. Die große Piroge ist seit der Reise auf dem Strand von Melsissi verfault. Die Kinder setzen sich im Spiel auf den Kiel, als ritten sie auf einem Hai-Wal. Sie heißen Matanwul, Matanulun, Tabisohak, Tabibogon, Mabonwihil, Bouleourou, Boulekone, Boulebega.

Tabisum, Matansués Sohn, ist ein schlanker und kräftiger Bursche, seine Haut hat die Farbe des Schwarzholzes. Er ist der Stolz der Familie. Seit kurzem wurde er ins Männerhaus auf den Höhen von Melsissi aufgenommen, von diesem Standort aus sieht man bis an den Horizont. Jeden Abend begibt er sich unter den großen Banianbaum, um die Kavawurzel zu zerreiben und ihren Saft, mit Quellwasser vermischt, zu trinken.

Alle Hügel der Umgebung sind gerodet und mit Yams, Süßkartoffeln und Kohl bepflanzt, und in den Lichtungen der Wälder bilden Taroblätter dichte Herden. Tabiri, Tabisums Vater, hat sein Besitzrecht über die ganze Umgebung verkündet, vom Vorberg bis zum Bach, und Tabitan herrscht über das Land südlich des Bachs, bis zum großen Wasserfall. Es mußte kein Krieg geführt werden. Das Apma-Volk hat seine Grenzen gemeinsam mit den Leuten von Raga im Norden und mit den Sa-Leuten im Süden gezogen. Sie haben einfach große Bündel von Blättern der Sagopalme auf die Wege gelegt, um ihr Recht anzuzeigen.

Die alte Matansesé ist gestorben, sie wurde als Erste auf dem neuen Land beerdigt. Ihre Seele hat sich zu den Ahnen begeben, auf der anderen Seite der Berge, in den Höhlen am Meeresufer.

Tabisum hat seine erste Rangstufe mit Schweinszähnen, Yams und Tarobrei erworben. An jenem Tag blies der Sturm über die Insel, der Wind beugte die Bäume oben in den Bergen, und Tabisum stieg allein hinauf bis in die Wolken, völlig nackt wie zu seiner zweiten Geburt. Er schrie den Namen seines Vorfahren in Wind und Regen, damit dieser Name der seine werde, und bis in die Tiefe der Höhlen und an den Grund der Schluchten klänge.

Als er eines Tages Kavawurzeln im Dschungel sucht, sieht er auf dem Weg, auf der anderen Seite der Schranke aus Palmblättern ein Mädchen erschrocken dastehen. Sie ist sehr jung, schlank und geschmeidig, mit kaum geformten Brüsten und einem schön runden Gesicht wie der Mond. Ihre Haut ist von sehr hellem Braun, ihre Haare mit Korallenkalk gebleicht. Tabisum schaut sie an und das Herz in seiner Brust schlägt schneller. Er tritt auf sie zu und spricht sie leise an. Sie steht auf der anderen Seite des Weges, im fremden Land. Sie regt sich nicht, den Körper ein wenig seitlich gedreht, als wollte sie weglaufen. Vielleicht hat sie sich beim Beerensuchen verirrt. Sie trägt ihr Netz an der Stirn, es quillt über vor Pflanzen und Blüten. Vielleicht ist sie aus Neugier hierhergekommen, um Tabisum zu treffen. Sie wirkt ein wenig verschreckt, dennoch bleibt sie reglos stehen, während Tabisum auf sie zutritt und sie anspricht. Er fragt sie in seiner Sprache nach ihrem Namen, aber sie versteht ihn nicht, sie ist aus dem Norden. Das junge Mädchen hört ihm zu, sie wendet das Gesicht und schaut Tabisum von der Seite an, mit einem langen Seitenblick, der ihn verwirrt. Ihr Mund lächelt. Über ihren Augen bilden die Brauen zwei vollendete Bögen. In den Augen des Mädchens strahlt ein helles Leuchten. Tabisum denkt, daß er noch nie ein so schönes Mädchen gesehen hat.

Sie bleiben eine ganze Weile stehen, nah beieinander, ohne sich zu berühren, ohne etwas zu sagen. Im Dschungel hört Tabisum das Geräusch des Windes, der Vögel, das Raunen des Regens, der zu fallen beginnt. Es ist gegen Abend, der Himmel bezieht sich schon. Da ruft jemand, nicht weit entfernt, eine besorgte Frauenstimme ruft einen Namen: »Lelé!«, und Tabisum versteht, daß dies der Name des Mädchens ist. Plötzlich dreht sie sich um und flüchtet in den Dschungel wie ein verängstigtes Tier. Sie verschwindet zwischen dem Laub und Tabisum bleibt wie angewurzelt stehen, ohne sich auf die andere Seite hinüberzutrauen. Dann kehrt er ins Dorf zurück, zu dem Baum, unter dem die versammelten Männer bereits ihren Kava trinken.

Wochen, Monate vergehen, Tabisum kann Lelé nicht vergessen. Jeden Tag geht er in den Dschungel bis zu dem Weg, in der Hoffnung, sie dort auftauchen zu sehen, ihre schlanke Gestalt, ihr schönes Gesicht, ihr Lächeln, und ihre hellen Augen. Aber vergebens.

Er verliert darüber die Lust zu essen und zu trinken. Früher hatte er sich zum Tanz gerne geschmückt, doch jetzt vergräbt er sich im Haus seines Vaters oder verzieht sich in den Dschungel mit dem Vorwand, zu jagen. Sein Vater und seine Mutter machen sich Sorgen um ihn, sie glauben, daß ein böser Geist von seinem Körper Besitz ergriffen hat. Aber Tabisum will sich nicht behandeln lassen. Er bricht auf, in den Dschungel, in Richtung Norden, er geht bis zur Grenze mit den Palmblättern, er setzt sich immer auf den selben Stein und wartet den ganzen Tag, bis zur Nacht.

Am Ende hält ihn nichts mehr. Er nimmt Pfeile und Bogen, seine Lanze mit der im Feuer gehärteten Spitze. Er hat seinen Schmuck angelegt und er trägt den großen Brustschmuck aus Schildpatt, den ihm sein Vater zur Reifefeier geschenkt hat. Er überschreitet die Grenze und wandert nach Norden, über Hügel und Schluchten. Am Abend erreicht er den Rand des feindlichen Dorfes, und sein Herz klopft stark, nicht aus Angst, sondern weil er denkt, bald wird er Lelé sehen.

Als er ins Dorf hineingeht, wird er sofort von den Männern ergriffen und in der Mitte des Platzes zu Boden geworfen. Füße und Hände werden ihm gefesselt, als wäre er ein wildes Schwein. Frauen und Kinder kommen und bewerfen ihn mit Erdklumpen und rufen ihm Schimpfworte zu. Aber Tabisum schämt sich nicht. Er denkt an das junge Mädchen, das er liebt, er richtet sich unter den Schlägen auf und schreit »Lelé!«, schreit den Namen des jungen Mädchens, bis die Menge aufhört, ihn zu schlagen. Er ruft ihn, als wäre es der Name einer Göttin.

Das Schweigen, das auf seine Schreie folgt, ist für Tabisum noch schlimmer als die Schläge und die Schmähungen. Er denkt, wahrscheinlich liebt ihn Lelé nicht, oder sie hat einen anderen geheiratet. Er möchte sterben.

Aber da kommt eine alte Frau. Sie spricht die Sprache von Melsissi, sie war einmal von den Kriegern Tabitans entführt worden und erinnert sich noch. »Wen suchst du?«, fragt sie. Tabisum wiederholt unermüdlich Lelés Namen. Er sagt, daß er sie liebe und gekommen sei, um sie zu heiraten.

Die alte Frau schaut ihn einen Moment an, ohne zu antworten, dann sagt sie einfach: »Mat«. Lelé ist tot. Vor Monaten hat sie Fieber bekommen und ist daran gestorben. Sie liegt in den Bergen begraben.

Tabisum ist betäubt. Er schaut wortlos um sich, der Wahn hat seine Seele ergriffen. Da lösen die Leute seine Fesseln, sie drängen Tabisum weit aus ihrem Dorf hinaus, wie ein Gespenst.

Tabisum irrt lange durch den Dschungel, bevor er sein Dorf erreicht. Er hat seinen Verstand nicht wiedergefunden. Er zeichnet unermüdlich mit einem Stock das gleiche *ruerue* in den Sand. Zwei Halbmonde für die Brauen mit dem vollendeten Bogen, das schöne herzförmige Gesicht, den lächelnden Mund und die Augen, die so hell von der Seite schauen. Als die Leute ihn fragen, was er da zeichne, sagt er nur: »*Wakit kere*«, der Seitenblick.

Das alles hat sich vor sehr langer Zeit zugetragen. Heute ist Tabisum tot, und keiner erinnert sich mehr an Lelé. Aber die Frauen von Raga knüpfen weiter ihre Matten und Röcke aus Pandangfasern, und manchmal wählen sie das Motiv *Wakit kere*, den Seitenblick, zur Erinnerung an eine unmögliche Liebe.

Im Grunde sollte es für eine Reise nie eine andere Begründung geben, als an ihr das eigene Unvermögen genau zu ermessen.

Raga, diesen kleinen Teil des unsichtbaren Kontinents, habe ich fast aus Versehen besucht, ohne zu wissen, was er mir bedeuten würde, Traum, Wunsch, Illusion, neue Hoffnung, oder nur eine Zwischenstation.

Rasch gesehen, mit einem kurzen Blick gestreift, entfernt sich Raga schon wieder.

Raga, Insel des kollektiven Gedächtnisses, Insel aus der Zeit vor den Katastrophen und den mörderischen Kriegen. Auf Santo Espiritu, auf Ambrym, auf Tanna steht das Gedächtnis in schwarzem Stein, auf Monumenten, geschrieben. Auf Raga liegt das Gedächtnis in den Bergen, in den Bäumen, in den Barrancas, wo das reinigende Wasser herabstürzt.

Auf dem lächelnden Gesicht Charlottes, ihrer Kinder, des kleinen Jungen namens Tabiri, den sie adoptiert hat.

In der sanften Geste der alten Agathe, die für mein Foto ihr schönstes Kleid angezogen hat, wie sie einen Blumenstrauß an ihre Brust drückt.

Die jüngere Geschichte Vanuatus wurde zur Karikatur. Vom Bislama, der offiziellen Sprache, wird behauptet, es sei ein Patois, ein Dialekt (Ähnliches hört man über das Kreolische von Mauritius oder den Antillen). Die Zweisprachigkeit mit Englisch und Französisch ist ein unerschöpfliches Thema für Geschichten, die sich Leute erzählen, die den Kolonien nachtrauern. Es wird auch immer noch von dem Magistrat in Port-Vila berichtet, als sei es erst gestern gewesen, der auf Spanisch Recht gesprochen haben soll, um an Quirós und Magellan zu erinnern.

Als der Westen Zugriff auf die Archipele dieses Ozeans bekam, war es bereits zu spät. Die Trommeln von Ambrym, von Efate, die Muschelhörner von Tahiti hatten nicht genügt, um Eindringlinge fernzuhalten, die auf Stahlschiffen daherkamen, und auch nicht die zusammengewürfelte Masse von Leuten abzuwehren, die ihnen folgte, Siedler, Touristen, Pädophile – Vierzehnjährige wurden mit Gauguin oder Fletcher verheiratet – und dazu Missionare, die die Dämonen ausrotten und die Nacktheit der Einwohner bekleiden wollten.

Die Großmächte haben sich auf dieser Bühne bekriegt – sie war sicher das größte Schlachtfeld der gesamten Geschichte. Franzosen und Engländer im Osten des Ozeans, im riesigen Besitztum der Bible Society, Anglo-Australier im Süden, in Neuseeland und in Tasmanien, Holländer und Deutsche auf den Sunda-Inseln, Amerikaner im Norden, Japan in den übrigen Teilen.

Es lag Romantik in diesen Feldzügen. Man brach auf zu Abenteuern, um eine Flagge irgendwo aufzupflanzen und dafür eine andere auszureißen. Zuweilen wurden Bündnisse zwischen Feinden geschlossen, wie zwischen Flinders und Baudin oder Dumont d'Urville, als sie gemeinsam nach Kapitän Cook suchten. Die Legenden haben dazu beigetragen, daß der Kontinent unsichtbar wurde. Die Einheit der Völker wurde geleugnet, ihr Besitz zerstreut, angeblich waren es nur Tausende von Inseln, die jedem zur Verfügung standen, der sie nehmen wollte. Noch heute dient der Pazifik als Hintergrund für die Berichte der letzten »Abenteurer«, die begeistert sind von grenzenlosen Horizonten und Schatzinseln, wo die Männer und Frauen großzügig und sorglos sind, genau wie die Natur, in der sie leben!

Die Realität hingegen ist traurig und banal. Die Inseln des Südens mußten nicht nur für alle möglichen Träume herhalten, sie dienten auch den Beutegeiern als Stelldichein. Überall, wo es Sandelholz gab, wurde es abgeschnitten. Rücksichtslos wurde die Seegurke oder der Wal gefischt, man veranstaltete ein großes Massaker an Meeresschildkröten und Seevögeln. Danach, als nur noch die Menschen übrig waren, machten die Pflanzer in Queensland oder auf den Fidjis und die Minenbesitzer in Neu-Kaledonien sie zu ihren Sklaven. Die »Paradies«-Inseln wurden zur Hölle für Strafgefangene und Prostituierte. Später war der Pazifik Schauplatz eines gnadenlosen Krieges und anschließend Experimentierfeld für Nuklearwaffen unter freiem Himmel. Ist das peinlich für die Franzosen? Waren diese fernen Archipele nicht schon seit ihrer Eroberung *mare nullius*, ein Niemandsland? Hatten wir nicht jedes Recht, mit ihnen und ihren Einwohnern zu verfahren, wie wir wollten, ohne jede Scham? Ungeeint, zerstückelt, unter den Kolonialmächten aufgeteilt, wurde der Pazifische Kontinent unsichtbar. Ein Nicht-Ort, bewohnt von Wilden, ehemaligen Kannibalen. Oder, was auf das gleiche hinausläuft, ein Garten Eden, wo es alles im Überfluß gab, Blumen, Früchte, Frauen.

Der Widerstand war die letzte Verzweiflungstat von Menschen, die sich zur Unterwerfung oder zum Aussterben verurteilt sahen. Die Befreiungsbewegungen traten ohne Zusammenhang und ohne Logik auf. Sie entstanden eher in Träumen als in revolutionären Projekten. Einmal hier und dann wieder dort, Fieberschübe ohne Zukunft. Unschuldige kamen dabei um, Siedlerfamilien wurden von Aufständischen mit Pfeilen und Hämmern getötet. Darauf folgte jedesmal die blinde Repression der Kolonialmacht, die mit Kanonen auf die Dörfer feuerte. Alle Mittel eines Eroberungskriegs wurden angewandt: die Brunnen wurden vergiftet, ansteckende Krankheiten mutwillig verbreitet, der Widerstand wurde bestochen und Abrechnungen zwischen seinen gegnerischen Lagern wurde von den Besatzern gefördert und ausgenutzt.

Die messianischen Bewegungen von Vanuatu, John Frum und seine mystische Armee auf Tanna* oder die Nagriamel-

---

* Die Figur von John Frum tauchte auf rätselhafte Weise zu Beginn des 20. Jahrhunderts auf und trat eine Revolte gegen die englische und französische Besatzung los. Die Armee von John Frum trug Holzgewehre, ihr Zeichen war ein schwarzes Kreuz aus Eisenholz, das Symbol des melanesischen Widerstands. Nach wechselhaftem Schicksal verschwand die Bewegung 1980, mit der Unabhängigkeit.

Partei* auf Espiritu Santo, sind berühmt geworden. Alle Bewegungen zusammen ergaben die sogenannten »Affären«, die sich vom Jahr 1900 bis zur Unabhängigkeit auf den Neuen Hebriden ereigneten. Alle gemeinsam hofften sie auf eine Rückkehr zu dem von der Kolonisation abgeschafften »Brauchtum«, auf die Zerstreuung der Besatzungsmächte und der Missionare, und zwar allein durch die Kraft der Magie. Eine der spektakulärsten Bewegungen war der »Naked Cult«, der auf Espiritu Santo zu der Zeit auftauchte, als der Ethnologe Jean Guiart von der französischen Regierung beauftragt wurde, eine Zählung vorzunehmen.** Dieser Kult symbolisiert die Rückkehr zu den uralten Werten, nahm in gewissem Sinne aber auch das Thema des Gartens Eden aus dem Christentum auf. Unter dem religiösen Führer Tsek sollten die Anwohner des Baches Ora nackt, ohne modernes Gerät oder Geld, ohne sexuelle Beziehungen und ohne Sakramente leben. In seinem identitären Extremismus zielte der Naked Cult darauf, zu einem Zustand vor dem Sündenfall – vor der Ankunft der Europäer – und vor dem Privatbesitz an Boden zurückzukehren. Der Kult dauerte nur, solange sein Prophet lebte, der von einer Krankheit besiegt oder von einem Rivalen vergiftet wurde. Wie John Frum oder der allzu berühmt gewordene (wahrscheinlich erfundene) Cargo-Kult, bezeugte der Naked Cult die ungewöhnliche Fähigkeit der Melanesier, aus dem Mythos und dem Traum die Kraft zum Widerstand zu schöpfen, und damit die Tragödie ihrer Geschichte zu überwinden.

Gibt es heute ein »pazifisches« Bewußtsein, wie man von einem »lateinamerikanischen« oder »afrikanischen« Bewußtsein spricht?

---

* Der Mord an Colonel Clapcott 1890 und die darauffolgende Repression sowie die Exekution des Königs Ronuvuro durch die Engländer lösten auf Espiritu Santo eine Rebellion aus, die sich schnell auf alle Inseln der Neuen Hebriden ausbreitete. Dieser gegen die Großgrundbesitzer gerichtete Aufstand führte 1965 zur Gründung der Nagriamel-Partei durch Jonny Stevens (Nagriamel ist aus zwei Worten gebildet: *nagria*, der Austausch der kriegsgefangenen Frauen, und *namele*, das Brauchtumsrecht). Die in Espiritu Santo entstandene Nagriamel-Bewegung war frankophon und arbeitete gegen die Vanua'aku Pati auf Efate, die von dem protestantischen Pastor Walter Lini gegründet wurde, und Bislama und die Unabhängigkeit anstrebte. Deren Sieg führte 1980 zur Schaffung des Staates Vanuatu, nachdem die Insel Espiritu Santo für kurze Zeit eine Ablösung versucht hatte.

** Der Naked Cult wird von Jean Guiart in seinem Buch *Espiritu Santo* beschrieben, Paris (Plon) 1958, S. 206.

Trotz der extremen Zerstückelung dieses riesengroßen maritimen Raums scheint der gemeinsame Kampf gegen die Kolonialmächte Beziehungen zwischen den Völkern geknüpft zu haben.

Zahlreiche Inseln stehen noch heute unter Vormundschaft oder unter einem kolonialem Regime: Das Tahiti-Archipel, die Markisen-Inseln, die Loyalty-Inseln oder Neu-Kaledonien unter französischer, ebenso Hawaï, Guam, Samoa unter amerikanischer Hoheit. Andere sind mit mehr oder weniger Erfolg unabhängig geworden – und haben die Schwierigkeiten der Autonomie kennengelernt, wie Arbeitslosigkeit, wirtschaftliche Rückständigkeit, die Übermacht der Industriestaaten und den rücksichtslosen Tourismus. Aber die Informationen verbreiten sich, es entstehen Verbindungen zwischen den Inseln und Archipelen. Natürlich geht es dabei vor allem um wirtschaftliche Interessen, um Marktmöglichkeiten.

Aber es ist auch eine andere Art von Beziehungen erkennbar, etwas, das aus Erinnerungen, Empfindungen besteht. Es ist vielleicht etwas von den alten Schwingungen übrig, vom alten Klang der Schlitztrommeln von Insel zu Insel, von den Masken, Tätowierungen, den auf die Erde gezeichneten *ruerues*, oder von der undeutlichen, unbeständigen Stimme der Mythen, die einst diese Völker verbanden, von einem Rand zum anderen auf diesem endlosen Ozean.

In Melsissi erzählt eines Abends nach dem Essen Schwester Gladys davon, wie sie die Höhle von Ouvéa besuchte, als sie noch Internatsschülerin in Nouméa war. Sie spricht zögernd davon, weil ich nicht von hier bin. Vielleicht denkt sie, ich stehe für die andere, ihrer Rasse feindliche Seite. Ihre Stimme zittert, sie hat Mühe, ihre Emotionen zu verbergen, nach so langer Zeit.

Sie war noch sehr klein zur Zeit der »Affäre von Ouvéa«* (um mit den Kolonialhistorikern zu sprechen). Dennoch kennt sie alle

---

* Affäre von Ouvéa s. o. Anm. S. 66; d. Ü.

Einzelheiten. Wie die kanakischen Unabhängigkeitskämpfer Gendarmen als Geiseln genommen hatten, das Ultimatum der französischen Regierung, dann der Angriff der Armee auf die Höhle, und das doppelte Massaker, die Ermordung der Gendarmen mit Macheten, und die anschließende Überwältigung der neunzehn Aufständischen im Busch. Einige von ihnen waren noch sehr jung, doch sie wurden von Maschinengewehren niedergemäht, ihre Leichen wurden in aller Eile in Müllsäcke gestopft und mit Hubschraubern weggebracht.

Über diese furchtbaren Ereignisse, die den legitimen Kampf der Kanaken zur Erringung ihrer Unabhängigkeit kennzeichnen, ist viel geschrieben, viel doziert worden. Trotz einer von der UNO eingesetzten Untersuchungskommission wurde die Verantwortung nie geklärt. Sie konnte bei den Politikern von Ouvéa liegen, oder aber bei der französischen Armee, die schlecht informiert war, und von der Doppelspitze der damaligen französischen Regierung schlecht geführt wurde (Mitterrand war Präsident, Chirac Premierminister). Wahrscheinlich werden wir die Wahrheit nie erfahren.

Schwester Gladys fällt kein Urteil. Sie berichtet nur von ihren Empfindungen, wie sie als Jugendliche die Höhle betrat, geführt von Wächtern aus dem kanakischen Widerstand, die den Ort zu einer Gedenkstätte gemacht haben. Wie sie die kleinen Kerzen sah, die zur Erinnerung an die Toten brennen. Die Spuren von der letzten Mahlzeit der Gefangenen, bevor die Höhle angegriffen wurde. Blumen und Opfergaben am Grund der Höhle, und die neunzehn Steinhaufen, jeder für ein Opfer aus dem kanakischen Volk. Sie hat die Luft der Grotte geatmet, ein Gemisch aus Rauch und Duft, sie hat in der vertrauten Kühle dieses Grabes gefröstelt, als wären Wut und Angst noch spürbar, wie in jenem fatalen Moment. Als wäre an dem verwunschenen Ort noch ein kleiner Teil von der Hoffnung übrig, die die Kämpfer antrieb, von ihrem Durst nach Gerechtigkeit und Anerkennung. Jetzt ist es ein Teil von Schwester Gladys geworden, selbst wenn sie nicht von dort stammt, selbst wenn sie aus Raga ist, Apma spricht, und ihre Heimat sehr weit entfernt liegt von Grande Terre in Neu-Kaledonien. Vielleicht ist es ihr Glaube, ihre Hoffnung auf eine neue Religion, in der sich das Trommeln der Vorzeit und die Chorstimmen mit ihren Hymnen und das Hämmern nackter Füße auf allen Dorfplätzen Ozeaniens vermischen.

Der Bach Palimsi fließt friedlich zwischen Plantagen mit Kokospalmen und Yamsfeldern. An seiner Mündung liegt Pangi, das größte Dorf im Südwesten von Pentecost. In dieser Gegend spricht man Sa, bis hinauf nach Bunlap und Baie-Barrier und hinüber auf der anderen Seite der Meerenge, im Nordosten der Insel Ambrym. Wegen der Anlegestelle in der Bucht von Homo und wegen der Attraktion des Gol-Sprungs ist hier der Tourismus am stärksten entwickelt. Jedes Jahr Ende März, nach der Yamsernte, liegen Hunderte Boote in der Bucht, Segelboote von Einhandseglern und Kreuzfahrtschiffe, von Australien oder Neuseeland herübergekommen, manchmal gar aus Südafrika oder Amerika. An den Bungalows des Chefs Willie hängen Schilder mit »Besetzt« und der einzige Four-Wheel-Drive des Ladenbesitzers von Pangi fährt täglich zwischen Bunlap und Baie-Barrier hin und her, wo es offenbar zu der Zeit mehr Touristen gibt als Einwohner.

Das ist die moderne Welt. Man kann den Zeiten nachtrauern, als die Dörfer noch ihre Tradition lebten, ohne Zeugen, ohne Videokameras und offizielle Kalender. Aber das ist die Realität.

Ich gehe am Bach entlang, in Begleitung von Willie Junior, Bebés jüngstem Sohn. Ein kleiner, lebhafter, intelligent wirkender Elfjähriger. Er hält sich in respektvollem Abstand hinter mir, doch er ist es, der mich auf den verschlungenen Pfaden führt. Die melanesische Gesellschaft hat sich bestimmt verändert, aber sie hat den Respekt vor den Älteren bewahrt, und das gefällt mir.

Palimsi ist ein Dorf des Inneren, nicht sehr weit von der Küste entfernt. Ich hätte auch Bunlap besuchen können (mit dem Allradauto des Ladenbesitzers) oder Baie-Barrier. Diese Orte stehen im Ruf, besonders spektakulär zu sein. Bunlap ist dafür bekannt, den *kastom* bewahrt zu haben, den heidnischen Glauben und die Peniskapseln. Von den Einwohnern wird gesagt, sie hätten in ihrer Tradition Züge der ursprünglichen melanesischen Kultur bewahrt. Das ist wohl möglich. Zugleich sind sie stark in das Tourismusgeschäft einbezogen. Um in Bunlap zu filmen, mußte kürzlich ein Fernsehteam 20 000 Dollar Vorschuß bezahlen. Fotografieren, Zeichnen, darauf werden Rechte erhoben. Es ist nicht möglich, den Ort ganz normal zu besuchen. So viel Organisation um nackte Brüste und Penisbehälter reizt mich nicht. Dazu müßte ich Zeit haben, mich mit Leuten zu treffen, abseits der Touristenrouten, und ihre Sprache sprechen. Unter den gegebenen Umständen ziehe ich es vor, Margaret Jolly und Pater Elie Tattevin zu lesen.

Keiner geht nach Palimsi. Das Dorf ist protestantisch. In Wirklichkeit hängt es der Religion an, die überall auf der Welt vielleicht die Religion des 21. Jahrhunderts werden wird, sie hat mit Katholizismus und Protestantismus nichts zu tun, sondern will sich direkt an der Quelle Christi laben.

Willie Bebés Sohn begleitet mich, weil er zum Singen in die Kirche von Palimsi geht. Auf Tahiti und auf den Markiseninseln habe ich die Gesänge in den offenen Kirchen gehört. Mir haben die sanften Schwingungen der Mao'hi-Sprache und die Blumenkleider der Frauen sehr gut gefallen. Die Einfachheit der Zeremonien.

Kurz bevor wir Palimsi erreichen, sehe ich eine Ansammlung Leute am Ufer des Baches. »Das ist eine Taufe«, erklärt mir Willie Junior. Er geht weiter zum Dorf, ich steige hinunter zum Bach. Der Pfad endet und ich muß die Schuhe ausziehen, um durch das Wasser zu waten.

An der Böschung, in der Sonne, auf einer grasüberwachsenen Fläche ist die Menge versammelt. Zur Dekoration sind lange blühende

Stengel, leuchtendrote Cannae und große Palmblätter, in den Boden gesteckt. Ich sehe Männer in Hose und grellbuntem Hemd, Frauen in den langen vielfarbigen Kleidern des Pazifik, die Jugendlichen tragen die Kleidung der Jugend von heute weltweit, Jeans, Sweatshirt und Sneakers. Trotz der brennenden Sonne sind alle Männer barhäuptig. Die Frauen haben ihre Sonnenschirme geöffnet. Alle warten schweigend am Bach.

Ich sehe mir den Bach an. Ich glaube, ich habe nie einen schöneren Bach gesehen (dieses Urteil läßt sich natürlich kaum belegen). Er ist hell und durchsichtig, glitzert in seinem Bett, sein Wasser fließt langsam in unterschiedlicher Bewegung, sodaß sich große Flächen bilden, in die kleine Wirbel eingelassen sind. An allen Stellen spiegelt sich der Himmel. Am anderen Ufer spenden große Bäume Schatten, schwarze Felsen bilden eine Barriere. In der Ferne, in Richtung der Quelle: die Hügel. Das einzige Geräusch ist das Gleiten des Wassers, sehr leise und sehr kraftvoll.

Ich bleibe etwas abseits stehen. Ich habe meine Kappe abgenommen, wie ich es auch in einem Gotteshaus getan hätte. Ich spüre die Hitze der Sonne in meinem Nacken und das kalte Wasser um meine Füße und meine Knöchel.

Dann beginnt die Gemeinde zu singen, in Sa-Sprache, im etwas gedehnten Takt der Lieder von Vanuatu, wie ich sie schon in den Gärten von Port-Vila gehört habe. Männer und Frauen singen im Chor, wiegen sich dabei langsam, dann verstummen sie und man hört die Stimme eines Babys greinen, oder sehr entfernt ein Bellen, ein vertrautes Geräusch vom Lande, das Krähen eines Hahns.

Die Menge teilt sich. Ein Mann geleitet eine junge Frau zum Bach. Sie ist vielleicht zwanzig Jahre alt, sie trägt ein schönes Kleid in Weiß und Rosa, das ihre vollen Formen zur Geltung bringt. Sie hat ein hübsches Gesicht von der Farbe verbrannten Holzes und eine Fülle krauser, mit Korallenkalk aufgehellter Haare.

Die Gesänge sind verstummt. Der Mann führt die Frau in die Mitte des Baches. Sie stehen bis zur Taille im Wasser. Der Bach umfließt die beiden, ich kann mir vorstellen, wie die Kälte in ihre Körper dringt, ihnen die Kleider auf der Haut kleben und sie frösteln. Darüber der Himmel ist wolkenlos, blendend blau.

Sanft, allmählich, wie beim Kampfsport, nur in Zeitlupe, nimmt der Mann die junge Frau, kippt sie nach hinten und taucht sie ganz in den Bach. Nur ein, zwei Sekunden verschwinden beide unter Wasser. Dann tauchen sie wieder auf, die junge Frau hustet und schüttelt sich, die Wassertropfen fliegen in glitzernden Garben von ihren Haaren. Auf der Böschung Freudenschreie und Beifall. Dann bewegen sich die beiden im Wasser wieder ans Ufer, und die schwingenden Gesänge beginnen erneut, langsam, wie um ihr beschwerliches Gehen zu begleiten. Für einen kurzen Augenblick war der Bach Palimsi zum Jordan geworden, trotz der Entfernung in der Zeit, trotz des Gewichts der Jahrhunderte, obwohl die Lehre nicht mehr neu ist, und alles ist wieder ganz einfach.

KAPITEL ACHT

Inseln

Inseln
Verborgene Leiber
Verschwunden
In schwarzem Holz, Mattenholz, Kokos- und Goldfruchtpalmen
Laub und Früchte darbietend
Doch plötzlich wieder verschlossen
In ihrem ewigen Leid

Was gibt mir die Insel, wenn ich gehe?
Was habe ich bei ihr gesucht?
Ist es nicht eine Ironie, daß die schönsten Texte über die Inseln,
Tanna, Ambrym, Hiva Oa, Nuku Hiva,
von zwei Männern geschrieben wurden, die sich gegen ihre Bewohner schlecht betragen haben? Der eine war Robert James Fletcher, der auf der Insel Tanna lebte, ihre Früchte aß, ihr Wasser trank, und den Körper eines kaum geschlechtsreifen kleinen Mädchens vergewaltigte und ihm zwei Kinder machte, um es dann einem seiner Bediensteten zu schenken, und anschließend *Isle of Illusions* zu verfassen.

Der andere, Paul Gauguin, schrieb *Noa Noa*, das Tagebuch eines perversen Mannes, der die Eroberung für sich ausnutzte, um seine Begierden zu stillen und für immer das Bild einer Polynesierin zu prägen, die auf ein einfaches, sehr glattes, sehr sanftes und sehr fügsames Objekt reduziert ist.

Die Insel schließt sich
ihr dunkler Pelz zieht sich über die Ränder ihrer
Verwundung
die Spuren der Vergewaltigungen
die Blutergüsse
den Raub von Seelen und Masken
die Träume von Gold und Herrschaft

Die kamen sind wieder gegangen
Ohne eine Anschrift zu hinterlassen
*Doch die Erde weinte, wissend, daß sie die Ewigkeit ist.**

Ging es mir darum? Wollte ich diese Abschottung feststellen? Mußte ich über zwei oder drei Meere fahren, um dahin zu gelangen?

Stamme ich auch von einer Insel? Oder wollte ich daran glauben?

Ich erinnere mich jetzt an einen Traum, der in meiner Kindheit immer wiederkam: Am Ende einer langen Schiffsreise fahre ich in eine im Licht liegende Bucht ein, zu der sich das Ästuar eines mangrovengesäumten Flusses öffnet. Am Ufer erwartet mich ein dunkelhäutiges Volk, Mädchen mit glänzenden Körpern, lachende Kinder. Es ist ein Land ohne Rückkehr, ein Ort der Vollendung, wo die vom schwebenden Regen befrachtete Luft mir in die Lungen dringt, ganz tief, und ich spüre den Atemzug des Glücks und seine Hitze, den Taumel der Vollendung.

---

* Édouard Glissant: *Les Indes. La conquête.* In: Poèmes Complets. Paris (Gallimard) 1994.

Nur ein Traum.

Ist es nicht wieder eine Ironie, daß die schönsten Passagen der Wissenschaften vom Menschen (wie man sie gerne nennt) als Quellen Traumbilder haben, Stellen, die bei Pierre Loti oder Victor Segalen aufgelesen wurden, dazu ein wenig priesterliches Wiegen im Stil von Saint-John Perse, oder eine Parodie auf rassistische Ergüsse sind, wie etwa *Barnavaux, soldat de France?**

In der ungeheuren Fülle der Schriften, die die Eroberung des Pazifik begleitete, finden wir sehr Gutes und sehr Schlechtes. Zu dem Guten gehören natürlich die anthropologischen Studien, die dem Westen die Augen geöffnet haben über den Reichtum und die Komplexität der Völker Ozeaniens, über ihre Kennnisse in Navigation und Bewässerungsanbau, über ihre Kunst, Kultur, ihre Kosmogonie. Margaret Mead, Malinowski, Mauss, Leenhardt. Pater Elie Tattevin, der das erste Wörterbuch der Sa- und Apma-Sprache verfaßte, Margaret Jolly, die die Mythen von Raga sammelte. Joël Bonnemaison, der ein liebendes Porträt von den Leuten auf Tanna (*L'Arbre et la Pirogue*) und von den politischen Strukturen Vanuatus zeichnete. Jean Guiart, der eine sehr persönliche Beziehung zu den Leuten auf Espiritu Santo herstellte und eine Ethnographie mit harter Hand betrieb, die nicht frei war von Paternalismus. (Er ging so weit, in koloniale Projekte zu investieren mit dem Ziel, auf der Insel Kaffeeanbau und Kapitalismus einzuführen). O'Reilly, Marcel Evrard, Lamont Lindstrom, William Miles untersuchten die Prüfungen zur Erreichung eines höheren Grads, den Tausch, die Zeremonien, die Riten bei der Hochzeit und der Beerdigung. W. H. Goodenough hat das Phantasma des »Cargo-Kults« in allen Stücken erfunden, Beatrice Grimshaw hat versucht, den Kult des Kannibalismus zu erhellen. Edward Dodd, Abraham Fomander, David Lewis, A. C. Haddon

* *Barnavaux, soldat de France*, eine Figur des französischen Schriftstellers und Journalisten Pierre Mille (1865–1941), der sich in seinem Werk mit der Kolonialerfahrung befaßt. Anm. d. Ü.

und Andrew Sharp wollten alle, jeder auf seine Weise, das Epos von der Migration der Melanesier und Polynesier über den Ozean erklären. Maurice Leenhardt »erfand« die Lapita-Kultur an der Westküste Neu-Kaledoniens, eine der ältesten auf der Welt. Alexander Shand und Hare Hongi regten Maud Worcester Makemson zu ihrer wunderbaren Arbeit über die Kosmographie und die Kenntnisse der Navigation bei den alten Mao'hi an (*The Morning Star Rises*, 1941) – abgesehen von ihrer abwegigen Idee, die Polynesier hätten einen indo-europäischen oder sanskritischen Ursprung. Die Tagebücher der Entdecker und der Reisenden vergangener Jahrhunderte, von Cook bis Bougainville, von Jack London bis Victor Segalen. Der wohl schönste Reisebericht wurde 1846 von dem jungen Naturwissenschaftler Thomas Henry Huxley verfaßt, der von Charles Darwin beeinflußt war. An Bord des Schiffes *Rattlesnake* erforschte er die Küsten des Louisiade-Archipels und Neu-Guineas. Er versucht, die Schönheit der Pirogen wiederzugeben, die Sanftmut der Einwohner, aber auch die häufig unmenschliche Behandlung der Melanesier durch bewaffnete Forschungsreisende aus Europa.

Das Schlechte ist alles, was darauf folgte, die Flut von sensationsgierigen Reportagen, Abenteuerberichten und Dokumentarfilmen – etwa wie die Filmemacher Jacopetti und Cavara den »Cargo-Kult« auf Tanna filmten, um den »Doku-Schocker« *Mondo Cane* herzustellen, der 1962 beim Filmfest Cannes gezeigt wurde – all der Schund, der dazu beigetragen hat, den Europäern ein Bild von einer verlorenen Welt zu vermitteln, die von überlebenden steinzeitlichen Menschenfressern bewohnt ist, die von Magie besessen sind und keine Zivilisation kennen. Zum Schlechten gehören auch die patriotischen Schriften der Kolonialzeit, als die Großmächte sich um den Besitz der Inseln und ihrer Bewohner bekriegten, wie *Erromango* von Pierre Benoit, publiziert zwischen den Kriegen, wo er »das französische Geschick der Neuen Hebriden« bekräftigt. Hat nicht in seiner Nachfolge ein Journalist in den 1960er Jahren Neu-Kaledonien als den größten Flugzeugträger der französischen Kriegsmarine bezeichnet?

Der lange Leib von Raga entfernt sich, verliert sich in Wolken. Durch die Luke des zweimotorigen Flugzeugs der Vanair gesehen, das von Canadair stammt, aus 3000 Metern Höhe, ähnelt die Insel einem langen smaragdgrünen Fisch, der auf dem flachen Ozean schlummert. Die Besonderheit der Inseln ist, daß sie sich zwar schnell einnehmen lassen, sich plötzlich aber ebenso schnell entziehen. 1810 konnten die englischen Truppen, nach dem heroischen Widerstand der Franzosen in der Schlacht von Grand-Port, von Norden her auf die Insel Mauritius eindringen und sie ohne einen Streich in Besitz nehmen. Doch was bleibt heute, nach 150 Jahren britischer Herrschaft, auf Mauritius von ihrer Präsenz? Die Insel gehört den Menschen, die sie mit ihrem Blut und Schweiß getränkt haben, Kreolen, die von Afrika oder Madagaskar herüberkamen, indische oder chinesische Nachkommen von Landarbeitern, oder Franzosen und Briten, die nach der Französischen Revolution vor der Hungersnot flüchteten und sich allmählich eine neue Heimat aufbauten.

In Vanuatu, in Ozeanien ist es das gleiche. In langwierigen und geduldigen Kämpfen haben die autochthonen Völker ihre Unabhängigkeit wiedererlangt. Sie haben sich von der kolonialen Vormundschaft befreit, haben eine neue kreolische Sprache, das Bislama, erfunden. Sie haben eine neue Kultur errichtet, eine neue Religion, beide entstanden aus der Begegnung.

Ich sagte, nach der Gewalt der Eroberung verschließt sich die Insel wieder. Das heißt nicht, daß sie sich in ihre Vergangenheit einsperrt, zur Gefangenen der Erinnerung wird. Die Insel ist in Wahrheit einer der Orte, wo das festgefügte Gedächtnis die geringste Bedeutung hat. Das gilt für die Antillen, die Maskarenen, aber auch die Atolle des Pazifik, die Archipele der Gemeinschafts-Inseln, Gambier, Mikronesien, Melanesien und Indonesien. Sie haben so unerträgliche, so abscheuliche Gewalttaten und Verbrechen erlebt, daß ihren Bewohnern nichts übrig blieb, als an einem

Punkt in ihrer Geschichte den Blick davon abzuwenden und wieder leben zu lernen, sonst wären sie in Nihilismus und Verzweiflung versunken.

Die Wunden sind vernarbt. Wildwuchs hat die Besitzungen der Pflanzer eingenommen, hat die alten Mauern aus schwarzen Steinen bedeckt, hinter denen so viele Männer und Frauen bis zu ihrem Tod dahinvegetieren mußten. Auf dem Strand der Bucht von Tamarin auf Mauritius, in Port-Vila oder an der Homo-Bucht in Vanuatu, überall, wo die Sklavenschiffe ihre menschliche Fracht ab- oder aufluden, spielen heute Kinder in aller Unschuld, Straßenmusiker stellen sich bei Sonnenuntergang ein, um zum Tanz, zur Séga, Biguine, zum Zouk oder Reggae aufzuspielen, die Steel-Drum oder Sanduhrtrommel zu schlagen, um Lieder der Liebe oder der Sehnsucht zu singen. Im Morgengrauen entstehen spontane Märkte am Fuß der Banianbäume und der Filaos, es wird Fisch, Taro und Yams verkauft, Kassavakrapfen und Pimentgebäck.

Aus dem Stimmengewirr der afrikanischen, karibischen, melanesischen Sprachen, die vernichtet oder verachtet wurden, im Verlies der Sklaverei, inmitten der Erfahrung von Enteignung, Notzucht und Raub, aus der Negation ihrer Vergangenheit, die ihnen jede Identität genommen hatte, haben die Völker des Wassers eine Sprache, einen Namen, eine Seele gefunden, die ihnen gemäß und eigen ist.

Patois, Créole, Bislama, *tok pisin* oder Pidgin, es ist eine »Wir-Sprache«, die sich der Wörter und der Mittel der Herrensprache bemächtigt, sie einschmelzt und umwendet, ihre Syntax auf den Kopf stellt, sich über ihre Nebensätze hinwegsetzt und sich daraus einen Spaß macht. Auf den Antillen und Maskarenen wurden die ursprünglichen afrikanischen und indianischen Sprachen mutwillig ausgerottet, von Leuten, die die Männer und Frauen in ihrem Besitz den Tieren ihrer Güter gleichstellen wollten, das heißt, ohne Sprache. Sie wollten dem Mund ihrer Sklaven einen mentalen Maulkorb verpassen. Die unsichtbare Ausgabe jener Maske, die manchmal dazu diente, widerspenstige Sklaven auf Santo Domingo mundtot zu machen.

Die Frage nach der Entstehung der Kreolsprachen hat mitunter zu starken Verkürzungen geführt. Es hieß, sie seien vor allem eine »lingua franca«, eine Verkehrssprache für den wirtschaftlichen Austausch, vereinfachte Versionen der Herrensprachen zum Zwecke der vertikalen Kommunikation, das heißt, zur Aufrechterhaltung der Ordnung und zur Bestrafung. Im Créole von Mauritius sagt man für »stehlen« *faire coquin* – den Räuber machen, für »schauen« *guetter* – aufpassen, kundschaften, für »suchen« *rôder* – umherstreifen, »der Herr« ist *grand moune* – großer Mensch.

Im criollo-Spanisch von Mexiko ist die höfliche Form »manda Usted?« (Was befehlen Sie?)

Die kreolische Sprache klingt manchmal lustig, durch die Laute, die Wiederholungen. Das ist übrigens die Haupttugend, die ihr Menschen einräumen, die sie nicht sprechen. Im Bislama von Vanuatu heißt essen *kaïkaï*, Musik heißt *singsing*. Aber hinter der harmlosen Komik versteckt sich die Gewaltbeziehung. Im *pisin* der Salomoninseln sagt man nicht *please leave* für »bitte gehen Sie«, sondern *buggeroff* (zieh ab!), für »er ist wütend« sagt man *him pissop* (pissed up). Eher eine Sprache von Strafgefangenen als von friedliebenden Missionaren.

Über das Kreolische wird gesagt, es sei eine Erfindung der Menschen auf den Inseln angesichts der Aggression der Eroberer. Das gilt dann aber auch für das Französische, das Okzitanische, Kastilische und Katalanische. Sie alle sind Kreolsprachen des Lateinischen. Das Kreolische der Inseln wird gelobt wegen seiner Musikalität, Poesie, Vorstellungskraft, Komik und zuweilen wegen seiner Weisheit. Ohne Zweifel.

Aber man sollte vor allem über die Gewalt reden. So unterschiedlich sie sind, so sehr sie sich in verschiedene Richtungen entwickelt haben, verschiedene Schicksale erfuhren, gemeinsam ist den Kreolsprachen (auf den Maskarenen, Antillen oder in Ozeanien), daß sie aus der Gewalt hervorgegangen sind. Die Gewalt durchzieht die kreolischen Sprachen. Sie sind gekennzeichnet vom Kampf ums Überleben, von dem Willen ihrer Sprecher, das in der Plantage, dem Bergwerk oder dem Zwangsarbeitslager errichtete System der Entmenschlichung zu überwinden. Unter ihrer scheinbaren Zugänglichkeit, ihrer Musikalität und fast kindlichen Leichtlebigkeit (häufig und gerne werden sie mit dem Geplapper tropischer Vögel verglichen) verbirgt sich die Tragödie der Geschichte auf diesen Inseln. Die Musik ist da, aber als Musik der heimlichen Feste abseits der Plantage, in einer Lichtung mitten im Dschungel oder ums Feuer geschart auf einem einsamen Strand. Feste der Marrons, der entlaufenen Sklaven, der »broussards« (»Buschleute«), wie sie zur Kolonialzeit auf den Neuen Hebriden genannt wurden. Die Tänze séga und maloya, wie auch die schrillen, von der Ukulele begleiteten Lieder der Melanesier bieten eine Musik der Verliebtheit, aber dort hat die Liebe nichts mit den höfischen Balladen im Großen Haus der Pflanzer zu tun. Sie gehören zur Fassade wie die Lampionfeste, eines fand etwa just in dem Moment in Port-Louis statt, als englische Truppen und die Pflanzermiliz die aufrührerischen Sklaven von Ratsitatane umzingelten. Es ist eine Liebe voll Gewalt, fleischlich, denn Sex und Aufruhr stehen in Verbindung, haben ein gemeinsames Terrain, da die Herrschaft der Landbesitzer sich auch auf die Sexualität der Sklaven erstreckt, also jedes Liebesgefühl negiert.

Auf den Pazifikinseln überwiegt die Gewalt die Musikalität, der Krieg die Liebesspiele. Die Besatzung liegt hier zweifellos nicht lange zurück – an einigen Orten, um Australien herum und in Hawaï unter der erdrückenden nordamerikanischen Vormundschaft, ist sie noch gar nicht beendet. Die Enteignung des Landes, die Beutezüge der Sklavenschiffe sind hier auf weniger bewegliche Sprachen getroffen. Aber man sollte sich nicht täuschen. Auch hier hat sich eine auf Gewalt beruhende Kommunikation herausgebildet. Reisende, die im 19. Jahrhundert an diese Ufer gelangten, sprechen von der Sanftmut, der Hingabe, erwähnen gerührt die Blüten-Frauen, die ihnen ihre Schönheit anbieten. Die Realität waren Vergewaltigungen des Körpers und des Bewußtseins, und Revolten, die ihnen folgten: auf Tahiti, Vanuatu, Neu-Guinea und Neu-Kaledonien. Magie, *grigris*, Vergiftungen. Manchmal blutige Abrechnungen. Und stets die Gewalt in der Musik, im Tanz.

Falls die Eroberer auf die Sanftmut der kreolischen Sprache hereingefallen sein sollten, sie ihnen vorgegaukelt haben sollte, daß die unterworfenen Völker große, manchmal etwas überbordende Kinder seien, die man zähmen muß, so verwirrte sie doch die Gewalt. Sie weisen ohne Ausnahme auf die Häßlichkeit der autochthonen Sprachen hin, besonders in Melanesien. Gutturale Schreie, Tänze, die ein Abbild des Krieges sind, oder aber den Geschlechtsakt in tierhafter Weise nachahmen. Dann die abstoßenden Bemalungen von Körper und Gesicht, die Auffälligkeit der Kleidung und der Haartracht, was – in genau der gleichen Periode – nur mit den »Wilden« Nordamerikas oder Brasiliens vergleichbar erschien.

Da sie in einem so kurzen Zeitraum die extreme Gewalt der Kolonialzeit erfuhren, sind die kreolsprechenden Völker – sowohl die Sklaven im Plantagensystem, wie auch die zum Freiwild erklärten Menschen auf den Pazifikinseln – zu den revolutionärsten Völkern der Geschichte geworden.

Alles in der Kunst, der Musik, in der Beschwörung, ja sogar in der Erfindung der Sprache, weist auf ihren Willen zum Widerstand und auf ihre Wissbegierde hin. Alles, in ihrem Verhalten wie in der Art, wie sie die Welt auffassen, zeigte ihre Fähigkeit, sich zu wandeln, sich zu überleben und neu zu erfinden.

Die Gesellschaften der großen Kontinentalsockel, mit ihren »Offenbarungs«-Religionen und ihrer angeblich universell gültigen Demokratie, haben versagt und die Grundlagen verleugnet, auf die sie selbst aufbauten. Sklaverei, Eroberung, Kolonisierung und die sich weltweit ausbreitenden Kriege haben ihr Versagen aufgezeigt. Diese Ereignisse haben eine tektonische Platte freigelegt, deren Bewegungen noch heute Beben hervorrufen. Doch sie dienen nun wieder Theoretikern und falschen Propheten dazu, mit einem »Kampf der Kulturen« weitere Kriege um die Vorherrschaft zu legitimieren. Das Versagen der großen Gesellschaften stellt ohne Zweifel die größte Bedrohung für die heutige Welt dar.

Als Revolutionäre haben die Völker der Inseln nur die Wirkkraft ihres eigenen Beispiels, seine Schönheit, seinen Traum, der aus Leid und Vergessen hervorgegangen ist. Aus der Erfahrung der Gewalt haben diese Völker die Weisheit, den Zweifel und den Humor als Heilmittel gewonnen. Ihr Skeptizismus ist echt, er hat nichts zu tun mit dem Zynismus der Moderne. Die Wellen aller Stürme, die die Kontinente erschütterten, haben auch ihre fernen Ufer erreicht und sind dort zum Erliegen gekommen. Ihre Unschuld ist nicht fehlendes Bewußtsein.

Der »Spiegel des Meeres«, von dem Joseph Conrad sprach, ist das Bewußtsein der Völker dieser Inseln. In seinem Tumult wie in der Ruhe der Lagunen enthält er nicht das Bild eines Einzelnen. Das Meer ist der Ort, an dem alles auftauchen kann, in jedem Moment. Vom Horizont kann alles herkommen. Tödliche Bedrohungen, schwarze Schiffe mit Söldnern und Missionaren, mit Eroberern, mit fanatischen Wohltätern, die die Welt ihrer Idee unterwerfen wollen, und mit skrupellosen Räubern, die wie einst nur kommen, um sich des Landes, der Kinder, oder ihrer Bilder zu bemächtigen.

Aber es werden auch alle Geräusche der Welt hörbar, Träume, neue Götter, die zum Tanz an den Strand kommen, um den Leuten von den Inseln zu gefallen, neue Lieder, neue Musik. Einige Konsumgüter, die das Leben erleichtern. Manchmal auch Medikamente, Rezepte, eine Salbe zur Wundheilung, eine Tablette gegen Bauchschmerzen. Und vor allem Wissen, in Büchern, Zeitungen, Videokassetten. Die Liebe zur Freiheit, der weite Raum.

Eine Vermischung der Anschauungen von der Welt. Nach Aussagen des Dichters Édouard Glissant hätten die Inselbewohner darin einen Vorsprung von hundert Jahren vor allen anderen ihrer Bewohner. Diese »Reibung«, das natürliche Abenteuer der Mischung, welche die Karibik – und das gilt erneut für alle Archipele – zu »einem Ort auf der Welt macht, wo die weltweite Beziehung sich am deutlichsten zeigt, eine Zone, wo sie aufglänzt und sich zu verstärken scheint.«*

»Abenteuer«, dieses Wort sollte erhalten bleiben.

Sein ursprünglicher Sinn ist völlig verdreht.

Es wurde Schindluder mit ihm getrieben, es mußte herhalten für die Auffassung, »alles sei möglich«, »alles sei erlaubt«, als Alibi für das eigene Unvermögen.

Der Sinn sollte wieder hervorgekehrt werden, was ihn umkleidete, sollte heruntergerissen werden als ein Gewand, in das sich finstere Apostel der Eroberung und nach Exotik gierende Profiteure gehüllt haben.

Dann können sie das Wort für sich in Anspruch nehmen, die Völker der Inseln, die Meeresbewohner, die einzigen, die ihr tragisches Geschick überwunden haben, um andere zu werden.

Raga verschließt sich und rückt in die Ferne.

Mir fällt die Leichtigkeit ein, mit der jeder seiner Bewohner davonfliegt, wie einst, als sie am Rand des Kliffs standen und ihr Blick den Horizont absuchte, bevor sie mit der Piroge in See stachen.

Ich denke an Willie Orion Bebé, an die schon recht lange Geschichte seines Lebens, die ihn vom Dorf Bunlap bis in die Nickelminen von Neu-Kaledonien führte, ihn Matrose an Bord eines Küstenschiffs werden ließ, das zwischen den Inseln verkehrte, und

---

* Édouard Glissant: *Poétique de la Relation*. Paris (Gallimard) 1990.

dann Geschäftsmann an der Bucht von Homo. Heute würde er gerne wieder aufbrechen in ein Land, das er nicht kennt, Queensland in Australien, denn er hat geträumt, er würde dort Nachkommen der Menschen antreffen, die die *Blackbirders* einst verschleppten. Ich denke an die Leute von Aneityum, den Banks- und Salomon-Inseln, die bereit sind, ins Exil nach Amerika, Neuseeland oder Frankreich zu gehen, auf der Suche nach Geld und Arbeit, aber auch nach neuen Erfahrungen. An die Mao'hi-Frauen auf Tahiti, an die Melanesierinnen, die auf dem Deck der Schiffe, ohne Plan, ohne Verpflegung, mit einem unverbrüchlichen Vertrauen auf ihren guten Stern, zu allen Inseln reisen, so als hätte es nie Grenzen gegeben. Schwester Winchester, die von Anaa kommt und die Leute der Markiseninseln kennenlernen möchte, Schwester Gladys, die bereit ist, überall hin zu gehen, wohin ihr Glaube sie ruft, nach Afrika oder Vietnam. Charlotte Wèi, die sich jederzeit auf jenem Frachter einschiffen kann, der die Kavasäcke transportiert, um ihre geflochtenen Matten und Körbe auf dem Markt von Efate, Lifou oder Nouméa zu verkaufen – und alle ihresgleichen, Frauen, die man auf staubigen Kais trifft, denen Wind und Sonne oder Hunger und Angst nichts anhaben können, nicht weil sie verhärtet wären, sondern weil sie ihre Freiheit mehr lieben als ihre Bequemlichkeit.

Die modernen Staaten haben versucht, die Völker der Meere wie die Nomaden der Wüste in das Gitter der Grenzen einzusperren. Doch dank ihrer Lust am Abenteuer, dank ihres Sinnes für die Relativität, entwischen ihm diese Völker in jedem Augenblick ihres Lebens. Die meisten Nationen des Pazifischen oder des Indischen Ozeans gehören zu den jüngsten auf der Welt. Die Ni-Vanuatu sind gerade zwanzig Jahre alt, die Mauritier, die Seychellois, die Inselbewohner der Karibik etwa dreißig. Für gewisse Inseln bleibt die Unabhängigkeit noch ein Ideal, das schwer zu verwirklichen ist. Die Nostalgie einer idyllischen Vergangenheit paßt hier nicht.

Wenn auf dem endlosen Ozean die Freiheit wiedereingeführt sein wird, das heißt, wieder wirtschaftlicher sowie kultureller und politischer Austausch besteht, der allzu lange unterbrochen war, dann wird dieser alte Kontinent wieder zu leben beginnen. Er blieb unsichtbar, weil wir blind waren. Aber das ist wohl eine andere Geschichte …

PORT-VILA SÜDWINTER 2005 –
ALBUQUERQUE NORDWINTER 2006

Anhang

Bibliographie

Joël Bonnemaison, *L'arbre et la pirogue.* Paris (Orstom) 1986

Louis Antoine de Bougainville, *Voyage autour du monde.* Paris, 1810 Dt: *Reise um die Welt.* Hrsg. von Klaus-Georg Popp. Berlin (Rütten & Loening) 1977

Robert James Fletcher, *Isles of Illusions.* London (Bohun Lynch) 1923

Édouard Glissant, *Les Indes.* Paris (Seuil) 1985
Poétique de la Relation. Paris (Gallimard) 1990
Auszüge auf Deutsch in:
Traktat über die Welt. Heidelberg (Wunderhorn) 1999
Kultur und Identität. Heidelberg (Wunderhorn) 2005;
beide übersetzt von Beate Thill

Charlène Gourguechon, *L'Archipel des tabous.* Paris (Laffont) 1974

Jean Guiart, *Espiritu Santo.* Paris (Plon) 1958

Tom Harrisson, *Savage Civilization.* New York (A. A. Knopf) 1937

Tevira Henry, *Tahiti aux temps anciens.* Paris (Musée de l'Homme) 1968

G. H. Heyen, *Primitive navigation in the Pacific islands.* In: Journal of Pacific Studies (JPS) 1971 Bd. 3

Thomas Henry Huxley, *Diary of the voyage of HMS Rattlesnake.* (London) 1936

Margaret Jolly, *Women of the Place: kastom, colonialism and gender in Vanuatu.*
Philadelphia (Harwood Academy Publishers) 1994
»Spouses and siblings in Sa stories«. Australian Journal of Anthropology, August 2003

Vincent Lebot, Mark Merlin, Lamont Lindstrom, *Kava, the Pacific Drug.* New Haven – London (Yale Univ. Press) 1992

Maud Worcester Makemson, *The Morning Star Rises.* New Haven (Yale University) 1941

Bronislaw Malinowski, *Das Geschlechtsleben der Wilden. In: Schriften in vier Bänden.* Hg. Fritz Kramer. Frankfurt/Main (Syndikat) 1979

Geneviève Mescam, Denis Coulombier, *Pentecost, an Island in Vanuatu.* Suva (Univ. of the South Pacific) 1989

William Miles, *Bridging Mental Boundaries.* University of Hawaii, 1998

Pedro Fernández de Quirós, *Memoriales de las Indias Australes. Historia 16.* Madrid (Oscar Pinochet) 1991

Friedrich Valjavec, *Aspekte kultureller Wechselbeziehungen in Vanuatu und Neukaledonien.* Berlin (Reimer) 1995

Élie Tattevin, *»Sur les bords de la mer sauvage«.* Revue d'histoire des missions. Paris, 1926–1927
Mythes et légendes du sud de l'île Pentecôte. Revue Anthropos, 1929–1931

Clara B. Wilpert, *Südsee, Inseln, Völker und Kulturen.* Hamburg (Christians) 1987

JEAN-MARIE GUSTAVE LE CLÉZIO, 1940 in Nizza geboren, studierte Literaturwissenschaft. Er hat über dreißig Bücher veröffentlicht – zumeist Romane, Erzählungen und Essaybände.
2008 wurde ihm der Nobelpreis für Literatur zugesprochen. In der Begründung hieß es, dass Le Clézio ein Autor »neuer Aufbrüche, poetischer Abenteuer und sinnlicher Ekstase und ein Erforscher der Menschlichkeit jenseits und diesseits der herrschenden Zivilisation« sei.

BEATE THILL lebt als Übersetzerin in Freiburg. Sie hat u. a. Assja Djebar, Abdelwahab Meddeb, Édouard Glissant ins Deutsche übersetzt.

VÖLKER AM WASSER

Vorankündigung:

VÖLKER AM WASSER
Herausgegeben von Édouard Glissant
Band 3

ÉDOUARD GLISSANT
In Zusammenarbeit mit Sylvie Séma

DIE OSTERINSEL
IRRFAHRTEN
UM EIN MAGNETISCHES LAND

Aus dem Französischen von Beate Thill

VÖLKER AM WASSER

Bisher erschienen:

Aus dem Französischen von Beate Thill
168 Seiten, gebunden
ISBN 978-3-88423-295-8

»BIS AN DIE GRENZEN VON ELDORADO passt in keine Schublade und ist von hohem Informationswert und poetischem Zauber durchtränkt. … Ein Abenteuerbuch? Ja, doch, ein subtil reflektierendes.«

ORF

Titel der Originalausgabe:
Raga – Approche du continent invisible

Rohrbacherstraße 18
D-69115 Heidelberg
www.wunderhorn.de

Abbildung S. 5 – Aquarell von Anna Le Clézio
nach einer Skizze von J. M. G. Le Clézio

Gestaltung und Satz: ⓢ sans serif, Berlin
Druck: Fuldaer Verlagsanstalt, Fulda
Umschlagabbildung: © Jan Braackmann (fotolia.com)
ISBN 978-3-88423-310-8